日本の知的障害者スポーツとスペシャルオリンピックス

SPORTS FOR PEOPLE
WITH INTELLECTUAL DISABILITIES IN JAPAN
AND SPECIAL OLYMPICS

田引俊和
TABIKI Toshikazu

かもがわ出版

まえがき

「人前で競争させることなど、とんでもない」

　国内で初めて知的障害者スポーツの全国大会が開催されたときのことである。競争は無理だとしてもせめて参加することだけでも評価されてよさそうだが、それについては、「個人差、施設格差をあからさまにし、参加することの意義は美名に過ぎない」と受けとめられる（いずれも第2章から）。

　これが、知的障害のある人たちがスポーツ大会に参加することに対する社会の認識、実態であり、複雑な状況下での実施、あるいは参加であったことがうかがえる。それほど遠いものではなく、1980年代に入ってからのことである。

　本書は、2019年度に立命館大学大学院社会学研究科に提出した博士論文、「日本の知的障害者スポーツの到達点と課題―スペシャルオリンピックスの展開と参加者の意識調査分析を通して―」をもとにまとめたものである。国内の知的障害者スポーツの普及・拡大の一側面を担ってきた民間のスポーツ組織「スペシャルオリンピックス」に焦点をあて、当事者にとってのスポーツの意味を捉えることの重要性を考えている。

障害者スポーツは最近では広く知られるようになり、知的障害のある人たち
も含め多くの人がさまざまな形で参加しており、あるいは目にする機会も増え
てきた。スペシャルオリンピックスにおいても全国で８千人を超える（2020年
６月現在）知的障害のある人たち（筆者注：同組織では「アスリート」と称してい
る）が日常的にスポーツに参加している。冒頭のような発言は今は聞かれない。

　しかしその一方で、社会的な理解が十分でなかった中で、知的障害者スポー
ツはどのような経緯で展開を始め今に至っているのか、現在はどのような位置
にあり、今後に向け何が課題となっているのか、こうしたことは関係者の間で
も深く議論されていない。

　たとえば、およそ40年前に国内初の知的障害者スポーツの全国大会が開催さ
れた当時のことはほとんど知られていない。この大会はあとに続く知的障害者
スポーツの原点ともいえるが、そのとき何が議論され、どんな意義があったの
かなど、ほとんど検証されていない。

　また、スペシャルオリンピックスは1994年に国内組織を設けて以来、日々の
スポーツに加え、大会・競技会を開催するなど拡大基調でここまできたが、知
的障害のある会員にとっての活動の意味や位置付けなど、十分に確認されてい
るわけでもない。あわせて、同組織の展開はどこかの段階から何となく一息つ
いたようにも感じるが（ちょうど全国の都道府県に活動拠点を設けたあたりだ
ろうか）、それが具体的にどういうことなのか明確にされているわけでもない。

　本書ではこれらを含めたスペシャルオリンピックスの動向を中心に、知的障
害のある人たちにとってのスポーツの意味やそのあり方について考察してい
る。まだまだ検討すべき点は残ってはいるが、国内初の知的障害者スポーツの
全国大会から約40年（詳細は第２章）、スペシャルオリンピックス日本（SON）
が設立されておよそ25年という節目でもある（詳細は第３章）。ここまでの経緯
と意義を振り返り、到達点と課題をまとめている。一つの知的障害者スポーツ
組織を通した検討ではあるが、関係する人たちと、あるいは関心のある人たち
とこれを共有し、障害のある人たちのスポーツのことを一緒に考えていければ
幸いであり、またそれを期待している。

スペシャルオリンピックスに関して言えば、その潜在能力は高く、もう少し先の（次の）段階に進むことができるはずである。統計的な分析など、専門的な部分は読み飛ばしていただいたとしても大まかな内容は把握していただけるものと考える。とくに第3章から第5章は同組織に関係する、あるいは関心のある方にとって身近に感じていただける内容となっている。

　なお、第3章の同組織の会員数などは、審査のための論文を提出した時点で詳細な数値を確認できたものまでを記載し、最新のものはあとがきで示すこととする。

日本の知的障害者スポーツとスペシャルオリンピックス

もくじ

組版：東原賢治

装丁：加門啓子

序章

1　問題意識

（1）問題意識の背景

　本書では、日本の知的障害者スポーツの発展過程と現在までの到達点、および今後の普及・振興に向けた課題を検討していく。

　障害者スポーツが拡大する契機として、身体障害者のリハビリテーションにスポーツを取り入れたことを挙げる言説は数多くみられる（総理府編 1997：5；藤原 2004：11；髙橋明 2004：98；立木 2008：292；柳崎 1994：113；結城 2007：318）。また、国内では前回（1964年）の東京オリンピックの後に行われた身体障害者の国際大会（正式名称は「国際身体障害者スポーツ大会」）、あるいはそれを機に翌年から始まった全国身体障害者スポーツ大会が大きな起点となったと捉えられている。関連する指導者の養成も日本身体障害者スポーツ協会により1966年から行われている（総理府編 1997；日本障害者スポーツ協会 2010）。概して、身体障害者を中心とした動向であったといえる。

　一方、知的障害者スポーツをみてみると、国内で初めて全国大会が開催されたのは1981年（総理府編　1997：34）とされているが、この大会は民間組織により自主的に取り組まれたもので、厚生省や都道府県、政令指定都市等による前述の全国身体障害者スポーツ大会とは社会的な位置付けが異なる。詳細は第2章で述べるが、1970年代までは学校教育以外で知的障害者スポーツに関する記録はほとんどみられず、その実践の中心は学校や福祉施設の中での限定的なものであった。全国身体障害者スポーツ大会と同等の「全国知的障害者（筆者注：当時は精神薄弱者）スポーツ大会（ゆうあいぴっく）」が実施されるようになるのは1992年のことで（総理府編 1997：35）、事実として身体障害者のものと比べておよそ30年あとから展開を始めたことになる。

　したがって、身体障害者スポーツの社会的な位置や広がりを用いて、そのま

ま知的障害者スポーツにも適用できるということにはならない。ただし、その実態がどのようなものであったのかということが検証されているわけでもない。

　本書の問題意識はここにある。展開が遅れた背景の一つとして知的障害者スポーツを推進する制度政策等の整備状況が十分でなかったということもあるだろうが、約30年も遅れてのことであり、知的障害者スポーツは固有の発展をしてきたと考えるべきである。こうした問題意識から、後で述べる「スポーツ要求」という独自の視点を用いて、知的障害者スポーツの発展過程と到達点、および今後の普及・振興に向けた課題を検討する。

（2）知的障害者スポーツ組織「スペシャルオリンピックス」に着目する 意義

　本書では、国内の知的障害者スポーツ普及の一側面を主に担ってきた知的障害者スポーツに関する全国組織「スペシャルオリンピックス」に着目する。前節で述べた、国内で初めて知的障害者スポーツの全国大会を開催した民間組織である。以下、その特徴と、検討対象とした理由を述べる。

　本書の主たる検討対象であるスペシャルオリンピックス（SO）は、知的障害のある人たちが参加する地域社会でのスポーツプログラム[1]や、さまざまな規模の競技会を提供するスポーツ組織である。国内では全体のマネジメントを担う本部を東京都に置く他、全国47都道府県に活動拠点（著者注：同組織では「地区組織」と称している）があり、約8千人の知的障害のある会員が日常的なスポーツプログラムに参加している[2]。最近の全国大会（著者注：同組織では「ナショナルゲーム」と称している）では夏季大会[3]で13競技が、冬季大会[4]では7競技が実施されており、ほぼ知的障害者スポーツとして行われている競技を網羅している。知的障害者スポーツの全国的な組織として評価することができる。

　また、スペシャルオリンピックスの国際本部（SOI：Special Olympics International）はアメリカ・ワシントンD.C.にあり、世界の7リージョンの170以上の国・地域から約500万人以上の知的障害のある人たちがスポーツに参加

している[5]。国際本部の公式ゼネラルルール（スペシャルオリンピックス日本 2016a）ではその活動を、「古代・近代オリンピック運動で具体化された価値観、規範と伝統をすべてのスペシャルオリンピックス大会で進め、反映させる。同時に、知的障害のある人たちの尊厳や自尊心を高めるように、彼らの身体的・精神的資質を取り入れ広報するためにオリンピックの伝統を発展、充実させる。」と位置付けている。加えて、同国際本部は、1988年に国際オリンピック委員会（IOC：International Olympic Committee）と「オリンピック」の名称使用と相互の活動を認め合う議定書を交わしている。本研究で対象とする国内組織は、アジア・太平洋リージョンを構成する国・地域の一つという位置もある。以上のことから、国内で展開するスペシャルオリンピックスは、わが国における知的障害者スポーツのオリンピックとしての側面を担う組織だと考えられる。

　一方で同組織は、「オリンピック」という名称を冠してはいるものの、IOC傘下にある、あるいはオリンピック参加を目指している多くのスポーツ組織・団体等とは異なる特徴を持っている。

　同組織のスポーツルール総則（スペシャルオリンピック日本 2016b）から典型的なものを三点あげる。まず、同組織による競技会・大会等では「予選落ち」という考え方はない、ということである。全ての競技会・大会等では「ディビジョニング[6]」と称される予選が行われるが、それは成績上位者を選出するためではなく、競技レベルに応じたクラス分けを目的としたものとなっている（筆者注：障害程度は問わない）。

　もう一つは、これに関連する全員表彰というものである。競技会・大会等では予選を経て、出場した選手全員が決勝に進むことになるが、競技は最大8名で構成されるディビジョンごとに行われ、参加した選手全員が表彰を受ける[7]ことになっている。表彰台は1位から8位まであり、順位外である失格者も表彰式には同じように参加し、表彰台の横で参加リボンが授与されることになっている。

　三点目として、同組織による競技会・大会等は日常トレーニングの成果を地域レベルで発表する場から大規模なものまであり、全国大会や世界大会といっ

た上位大会への出場に際しては無作為抽選が行われる[8]ということである。つまり、必ずしも競技記録や能力が高いものだけが上位大会に出場できるわけではないということになる。

　いずれもスペシャルオリンピックスの基本的な考え方が反映されたもので、選手一人ひとりが日々のトレーニング成果や持っている力をルールに則ってどれだけ出し切ったか、がんばったかを評価し、認め合うことを大切にするものとなっている。競技会・大会等は、そのための場、機会として存在しており、オリンピックを意識しながらも、勝利や記録の追求、あるいはエリートアスリートの養成や活躍を重点的に目指すものではないという捉え方である。そして、こうした理念に基づいた活動により記録の向上や競技力も高まってきている[9]。すなわち、同組織の活動には、知的障害者スポーツの広がりと継続性を重視しながら競技力向上を含めた全体的な発展を図ってきた、という独自の特徴があると考えられる。本研究が検証する仮説である。

2　研究の目的

（1）研究の目的と仮説

　本書の目的は、日本の知的障害者スポーツの到達点と課題を明らかにすることにある。前節で述べたように知的障害者スポーツ組織「スペシャルオリンピックス」を対象に、その発展過程、および同組織の参加者への意識調査・分析を通して国内の知的障害者スポーツがどのような発展過程を経てどのような到達点にあるのかを明らかにする。さらに、それをふまえた上で今後に向けた課題を提起していく。

　具体的には、スペシャルオリンピックスの展開には「知的障害者のスポーツ要求に応える」という基本原則があり、かつ、組織的発展においては「自主的・

自律的な運営」があったという仮説的視点のもとに、それを検討していくこととする。また、現状の障害者スポーツ、一般スポーツの普及・振興に向けたあり方への問題提起も視野に入れて作業を進める。

　以下、二つの仮説的視点について、先行研究からその意義を述べる。

（2）－1　研究の視点：「スポーツ要求」

　前述の通り、スペシャルオリンピックスの基本的な理念は競技性や勝利の追求を第一とするのではなく、だれもが継続的にスポーツに参加できるというものであり、その中で競技力の向上を含めた全体的な発展を図るという仮説的特徴を持っている。したがって、ここでの見方としては、「スポーツに対する一人ひとりにとっての広く多様な意義を受けとめ、応えることがそれぞれのスポーツへの関心や能力を高め、全体的な発展にもつながる」というものを採用する。具体的には、参加者・関係者の「スポーツ要求」という視点を用いて知的障害者スポーツの発展を検討していく。

　障害者スポーツの意義については、既に広く多様な視点でみることが指摘されている。たとえば医学的、心理的、社会的、職業的の各リハビリテーション領域に大きく関与するとされ、健康や体力、満足感といった個人的な効果、人との交流や社会参加といった効果をもたらすことが示されている。また、疾病予防が図られ経済的な効果、障害の悪化予防、軽減といった効果にも触れられている（藤田　2016：10；大久保　2012：25）。さらに、芝田（1992：15）は機能回復や障害の進行防止といった「リハビリテーションの機能」だけでなく、「発達保障の視点」「健康、寿命への意識」といった重要な機能があるため、「障害児者こそスポーツが必要」だと述べている。本研究では、こうした多様な意義が示されていることを捉えておく。

　一方で、知的障害児者の福祉の一つの形としてノーマライゼーション原理[10)]を推進し、「国際知的障害者スポーツ連盟（INAS-FMH）」の創設、発展に関わり副理事長も務めたニィリエ（2000：157）は、「特にスポーツは余暇時間を

豊かにしてくれ、障害者の文化経験を促し、社会関係を豊かにしてくれる。これは障害者がノーマルなスポーツ、文化、楽しみを経験することは権利の一部であり、ノーマルなトレーニングや競争を経験し、地域、全国、国際的規模でスポーツ組織を結成することができることを意味する」と述べている。さらに、「ノーマライゼーションの原理の最重要部分は個人の個性に合わせた平等の側面で、これは、スポーツをする人は他のスポーツをする人たちの中でそれぞれの条件に従い、自分らしさを保持し、自分自身に合ったスポーツや条件を選択し、伸ばしていけることを意味する」と述べている。すなわち、ノーマライゼーション原理では、スポーツに何らかの効果があるから不可欠、ということは主題となっていない。知的障害のある人たちにとってのスポーツは、参加する、しないにかかわらず、文化や楽しみを経験する権利の一部として彼らの日常の中に当然のように存在しており、自由に選択し享受できるように保障されるべきものとされている[11]。

　以上のことから、障害者スポーツ、あるいは知的障害者スポーツをリハビリテーション機能やスポーツが持つ効果という側面で捉えることに加え、本人にとっての多様な楽しみ、意義があるということが原理論として確認されてきていることを押さえておきたい。本論が採用した「スポーツ要求」という視点は、このような「多様な意義」を指すものである。

　一般的なスポーツについても、既に機能や効果ということではなく、文化や基本的な権利としてとらえる言説がある。具体的に、「基本的人権には自由権から社会権へと発展の方向があるように、スポーツにも自由権から社会権へという潮流がある（堺　1988：197）」として、スポーツ領域への参加を拒まれていた労働者に「社会権としてのスポーツ要求が生じてくる（同書：197）」ことが示されている。加えて、1960年代半ばから西欧の福祉国家では「スポーツ・フォー・オール政策」が展開され、スポーツは全ての人が享受されるべき権利とされている（内海　2015：36）（筆者注：内海は同時に、当時の日本では不十分であったとも指摘している）。また、ユネスコ体育・スポーツ国際憲章（1978年）では、第1条でスポーツの実践は障害者を含め全ての人の基本的な権利だとし

て、障害のある、なしにかかわらずスポーツの実践は基本的権利であることを明確に示している。国内では2011年に新しく成立した「スポーツ基本法」の前文[12]で、「スポーツは世界共通の人類の文化である」、あるいは「スポーツを通じて幸福で豊かな生活を営むことは、全ての人々の権利」と明記している[13]。このような動向について内海（2015：94）は、「スポーツが国民の権利・人権となったということは、人間の尊厳を保障する上で、スポーツが必須な文化として承認されたということ」と述べている。

　一方で菊（2013：119）は、「それが人々に共有される営み、すなわち『文化』となり、当該社会のしくみ、すなわち『制度』として成立するためには、人々によってスポーツの意味や価値とその機能が支持され、広く社会に承認されなければならない」と指摘している。すなわち、スポーツの文化や権利は、現代においては、先に触れたニイリエの言説と同様に基本的に充足されるべきものであるが、その前段階には未整備な環境下における充足や承認への「要求（あるいは欲求、ニーズ）」が存在することになる。そして、「そうした欲求・必要の充足や問題の解決をスポーツに向けるとき、そこに『スポーツ要求』が具体的に生じる（佐伯 1988：17）」ことになり、社会全体がそれを受けとめ、応えることでスポーツは文化や権利として発展していくことになる。

　知的障害者スポーツも例外ではなく、本研究が採用する「スポーツ要求」には、一人ひとり異なるであろうスポーツ参加に対する多様な要求に加え、権利侵害からの解放を願う要求と、さらには長い間侵害され解決が見通しがたい実態や現実等との葛藤も含めた平等待遇への要求が込められている。したがって本研究では「スポーツ要求」を、たとえば「○○スポーツに参加したい」「試合に出たい」など実際に表層的に示され確認できるものだけではなく、そこに込められている多様な願いや想いと捉え、それを集団で議論する過程も含めスポーツ発展の原動力となっているものとして位置付ける。

　なお、この「スポーツ要求」の「要求」という制度政策論としての概念定義については、学問領域ごとの特徴も含めて諸説がある。

そのうち本研究に直接関係するスポーツの領域では、前述の「スポーツ・フォ
ア・オール政策」における「ニーズ」と「欲求」ということに関して、「『ニー
ズ』という言葉が15回使われているのに対して、『欲求』は4回だけである（ピー
ター・マッキントッシュ　1991：35-42)」ということが示され、次のようにそのと
らえ方の違いが説明されている。

- ・「ニーズ」は責任・義務という意味と、生活になくてはならない必需品と
  いう意味を含んでいる。もし「ニーズ」という概念が、必要欠くべからず
  ものという意味であると認知されれば、その必要性は満たされるべきであ
  る。
- ・スポーツに関する「ニーズ」は、性別、年齢階層別、民族別、そして個人
  別に考えられるべきであるが、しかし、人間存在にとって普遍的な意味で
  もスポーツが「必要」である。それ故、「ニーズ」という概念は、「スポー
  ツ・フォア・オール」の政策の正当性を主張するのに理想的な概念である。
- ・他方、「欲求」という概念では、そのことを主張できない。なぜなら、そ
  こにはたえずどのようなスポーツにも参加することを欲しないという人が
  存在するからである。

　これらからは、スポーツを生活になくてはならないもの、普遍的なものとし
てニーズという概念で捉えていることがうかがえ、本研究で用いる「スポーツ
要求」の視点はこれと同義である。
　ただし同書（42）では、「科学的研究によって知りうる『ニーズ』は政策を
表明するのに客観的で普遍的な印象を与える」とも述べている。これは本節冒
頭で述べた第三者からみてもわかりやすい障害者スポーツの一般的な機能や意
義に相当するものであるが、一方で諸事情により自身にとってのスポーツの意
義や権利性を理解し、その必要性を表出することが容易ではない人も存在す
る。本研究で対象とする知的障害のある人たちもそこに含まれ、その場合、科
学的研究で知りえた「ニーズ」だけでは対応しきれない可能性もある。さらに
同書（42）は、このような表層的に示され第三者にもわかりやすいニーズにつ

いて「『何が必要か』ではなくて、むしろ『誰によって、何が必要とされ、誰が決定するのか』ということが不明確」とも指摘する。

　既に述べた通り、本研究ではスポーツに込められた当事者の願いや想いを含めた検討を重視する。知的障害者スポーツの分野では、自身で表出することが容易でない要求の中身、あるいは、不明確にされがちなこの「誰によって、何が必要とされ、誰が決定するのか」ということを明らかにする筋道を示すことが求められていると考える。この点については、次の（2）-2で述べる研究の視点を置いている。

　また、社会福祉分野をみてみると、ニィリエのように基本的に充足されなければならないものという立場で岩田（2013：75-93）が、「ニーズというのは、単に誰かがこうしたい、それが欲しいというようなことではなくて、そう欲しなくても、満たされなければならないというような、何かもっと基礎的なもの、絶対的なものを根底においたとらえ方である」と述べている。

　一方で、武川（2011：41）の「ニードやニーズという言葉を用いると、社会福祉や社会政策が日常生活から切り離される、専門家支配を助長する、必要と需要が混同されるおそれがある」あるいは、三浦（1995：60）の「ある種の状態が、一定の目標なり、基準からみて乖離の状態にあり、そしてその状態の回復・改善等を行う必要があると社会的に認められたもの」というような言説もみられ、岩田とは必ずしも同じものとはなっていない。さらに、ニーズ論を展開したブラッドショー（Bradshaw 1972：71-82）では、ニーズ（need）をノーマティブニード（normative need）、フェルトニード（felt need）、表明されたニード（expressed need）、比較ニード（comparative need）、という4つに分類し、このうちフェルトニード（felt need）は"want"と同等（Here need is equated with want.）だとしている。加えて、フェルトニード（felt need）と表明されたニード（expressed need）は、専門家には理解されておらず供給されていないが、実際には感じられ要求されているニーズとして"demand"を用いて説明している（This is need which is not appreciated by the experts and is not supplied, but which is felt and demanded.）。

このように定義が定まらないことについて、関係学界では既に認識されている。例えば、「困惑の一つの理由は、ニードという言葉が余りにも日常用語化されていることに加え、その意味は多元的であるからである（三浦　同書：57）」「ニードをどのように解釈するかは、文章にしろ会話にしろ、その文脈context のなかで決まるものであり、したがってニードという言葉だけを取りあげて、定義を求めることは困難なことになるのであろう（同書：57）」、あるいは「社会福祉学でいう『ニーズ』はその訳語として『必要』『欠乏』『欲求』などがあるにもかかわらず多くは生のまま使われている。その理由は、社会福祉のいわゆる対象者の複雑な主体的・客体的ニーズを適当な言葉に訳しにくい困難さにある（京極　1977：43）」というものである。さらに、「社会福祉分野におけるニードという用語の使い方、あるいはこの語の理解の仕方は、非常に漠然としており、したがってたいへん幅の広い意味に用いられている。そのため、一面においては便利な言葉であるが、他面ではその意味するところがあいまいで、厳密さに欠けている（前田　1976：324）」という言説もある。1960年代から知的障害児者の権利擁護と発達保障[14]に取り組んできた全国障害者問題研究会（全障研）でも、「全障研の研究運動において『発達要求』が協議され、定説的な定義がなされたことはない（白石　2018：74）」とされており、総じて、定義の難しさが示されている。

　また、岡村理論[15]で知られる岡村重夫（1983：86）は『社会福祉原論』の中で、心理学分野で言われる「生理的欲求」「心理的欲求」と、「基本的要求」は異なるものだとして、「文化・娯楽」を含む七つの「要求」を示している。「7つの要求は、生理＝心理的存在としての個人の経験的な生活欲求ではなくて、社会的存在としての人間にとっての不可欠の生活条件として、いわば論理的に導きだされたものである」「社会生活者としての人間にとっては、この7つの要求はすべて不可欠のものであり、また同じ比重を持つものであるから『基本的要求』というのである」「社会学と心理学を突き合せたような形でのニード論、基本的要求というものを考えてきたのは誤りであった」と、欲求とは異なるものとして「要求」を捉えている。ニィリエや岩田に近いものとなっている。ま

た、自己実現と欲求の理論でよく用いられるマズローの階層（Maslow, Abraham. H. 1970 : 35-58）では、日本語では「欲求階層」であるが、もとの表記は「ニーズ（Needs）」である。

　このように概念定義の差異や議論が示されており、また、前述した通り知的障害者スポーツは制度政策論としていまだ未成熟な部分もあり、社会福祉分野での制度政策のような確立したものがないという実態にある。そのため本研究では、これらを踏まえた上で、スポーツ分野での考え方を中心に、「ニーズ」と「欲求」を包含した概念として「スポーツ要求」を用いることとする。

（2）-2　研究の視点：「自主的・自律的な組織的活動」

　以上のような「スポーツ要求」という研究の視点を本研究では採用するが、一方で、スポーツ要求を実現するということは、その要求を基本に置いた運営、さらにはその条件整備を進めていくための組織的活動が要請されることになる。したがって、スポーツ組織にも外部からの支援や介入に対する自主的・自律的な活動のあり方が問われることになる。

　スポーツ組織のあり方についてはこれまでにもいくつかの考え方が示されている。

　山下（2016：4）は、スポーツ組織を「スポーツの生産という目的を達成するために調整された人間行動のシステム」として、その特性はスポーツの場づくりという基本的な作業を重視する「オペレーション志向」と、スポーツを製品化し買い手のニーズに合った価値づくりを積極的に進める「プロダクト志向」に二分されることを示している。加えて、内部での意思決定の構造特性をもとに、メンバー間の相互作用やコミュニケーションを重視するのか、あるいは、中央集権的なものなのかといった分類も示している（同書）。

　作野（2008：52）では、経営サイドからの区分だけではないという考えから、「人とスポーツのかかわり方という観点から分類軸を提示することもできる」として、「する」スポーツだけでなく、「みる」「よむ」「ささえる」といったか

かわり方と、さらには「営利」「非営利」といった軸での分類も示し、スポーツ組織の多様性に言及している。

中西（2016：112）は、スポーツ活動の形態を、①私（的）・非営利・非公式な「個人・家庭やグループ中心のスポーツ」、②公（的）・非営利・公式な「行政支援に基づくスポーツ」、③私（的）・営利・公式な「交換関係に基づくスポーツ」、④私（的）・非営利・公式な「共助行為としてのスポーツ」といった四つの分類を示している。

これらは組織的活動が多様に展開される中でその基本的性格において分類されたもので、それぞれの関係性が問われてきている段階の研究の到達点を表すものとなっている。しかし、知的障害者スポーツに関しては事実として全国的、組織的に活動を展開しているところはほとんどなく、「多様な分類」に足るほどの多くの組織ができていない実態にある。その点では、基本的な性格が多様である一般スポーツにおける分類を、まだそこまで達していない知的障害者スポーツに適用することは現時点で妥当ではない。

しかもこれらの研究の到達点については、「日本におけるスポーツ組織の研究は極めて低調（武隈 1995：234）」であり、加えて、「経済的に自立するための経営学的組織研究が増加している（笠野 2012：88）」といったことが示されている。さらに、「企業組織と比較してスポーツ組織の問題を明らかにするという従来のスポーツ組織論では、スポーツ組織を企業組織に近付けていくような解決方法が示され、スポーツに特有の環境などを考慮した解決方法を示すことはできない（同書：88）」といったことも指摘されている。多様な基本的性格の関係性研究について見直すべきであるという言説だと考える。一般スポーツの研究について言及されたものではあるが、知的障害者スポーツの組織研究においても学ぶべきところもあり、今後の研究の発展を期待したい。

また、笠野と同様な問題意識であろう長積（2017：43）は、「行政をはじめとした公共機関から差し伸べられた『支援』が依存的な関係を生み出し、スポーツ組織の自立と自律をある意味歪めていた」と述べている。スポーツ組織に対する支援が、その自立を阻害してしまう可能性があることへの懸念だと受け取

れ、「自主的・自律的」な組織活動という視点と行政や企業組織との関係性やそのあり方は、今後の研究課題だといえる。

　このようなスポーツ組織研究の到達点をふまえて知的障害者スポーツ組織「スペシャルオリンピックス」の組織的活動をみてみると、関係する何かを商品化することのない非営利で、経営を意識したものでもなく、同時に、スポーツ政策等によらない非公式で自主的なスポーツ組織ということになる。ただし、このことは本論で展開するように行政等に依存しない、あるいは行政や企業からの介入に抗して、ということを意味しない。そうではなく、公的保障や外部からの支援が十分でない中で展開してきたということであり、それは同組織が設立当初からの理念を一貫して守り、当事者・関係者のスポーツ要求を第一に自前で活動するしか発展しようがなかったということでもある。しかもその要求については、知的障害という特性により本人がそれを表出することに制約がともなっている。そのため、当事者にはどんな要求があり、どんな想いが込められているのかということを絶えず議論していかなければ組織的活動も発展することができなくなってしまう（本論で展開）。

　したがって、本書では「スポーツ要求に応える」ということを第一に、(2)－1で述べた「誰によって、何が必要とされ、誰が決定するのか」ということも踏まえた運営組織としてのスペシャルオリンピックスがどのように組織的な活動を展開してきたのか、その自律性にも注目していく。

　今後、スペシャルオリンピックスの他にも多様な基本的性格を持つ知的障害者スポーツ組織や活動が展開してくることが考えられ、「スポーツ要求を実現する組織・活動」として自前で展開する、あるいはそうせざるを得ないものも少なくないと予想される。本研究は、そこで必要とされる基本的性格や外部の動向との関係性、その自主性・自律性のあり方について、「スポーツ要求に応える」ことと、「自主的・自律的な組織的活動」という視点から明らかにできるものと考える。

3 研究の方法など

（1）研究方法

　ここまで述べてきたように本書の目的は、知的障害のある人たちのスポーツ要求に焦点をあて、その発展過程と到達点、今後の展望を示すものである。

　具体的には、文書に残された記録からその展開においてどのような議論があり、実際にどのような経緯で全国的な活動へと広がってきたのかを検証していく。また、参加の拡大と競技力向上という要求を今後どのように受け止め、醸成していくのかということについても考えていく。

　スポーツ要求については、関連資料、量的調査、質的調査による検討可能なデータを用いて仮説の検証を試みる。「スポーツに参加したい」という表層的なスポーツへの要求だけでなく、それに込められた願いや想いを「スポーツ要求」として捉えるため、量的調査と分析に加え自由記述コメントや関係者の議論の記録の質的分析を行う。なお、具体的な研究方法は各章で述べる。

（2）研究対象の範囲と限定

　以下、研究目的にかかわる研究範囲の限定をしておく。

　本研究で取り上げる知的障害者については、その障害程度や障害による運動能力、競技能力への影響度合いを限定していない。障害程度等にかかわらずスポーツ要求を有しており、可能であるという立場で検討を進める。具体的には、知的障害の対象定義制度にある療育手帳所持の有無、あるいは同制度による障害程度状況[16]は問わずに、申告により知的障害があるものとしている。なお、スペシャルオリンピックスのトレーニングプログラムへの参加資格も同様である[17]。

また、本研究で広く「知的障害者」を指し示す場合の「者」という年齢については、学校卒業後（著者注：知的障害の場合、大学進学がほとんどないという想定で、高等学校、あるいは特別支援学校高等部卒業後）としている。ただし、スペシャルオリンピックスでは日常的なトレーニングプログラムへの参加を6歳から、競技会・大会等への参加を8歳からとしており[18]、学校卒業というような基準はとくに設けていない。そのため、同組織のスポーツ、あるいは同組織の知的障害がある会員について検討する場合は、学校卒業年齢であるかどうかは基本的に問わないものとする。

　さらに本研究で取り上げる知的障害者スポーツは、特別支援学校での教育や障害児者福祉施設等での諸活動の一部として行われているものではなく、スポーツを目的とする独立したスポーツ組織において、単発・イベント的なものではなく継続的に実施している活動を検討対象とする。

　以上の研究範囲の限定から、「知的障害者スポーツの発展過程と到達点」という時系列の研究範囲も限定される。本論で展開するように、知的障害者スポーツが特別支援学校や障害児者福祉施設を超えて展開するようになるのは1980年代に入ってからのことである。したがって本研究でいう「発展過程と到達点」とは、1980年代前半を起点とする現在までの経緯と到達点である。また、知的障害者スポーツは同様なスポーツ活動の定義で見た場合、身体障害者スポーツよりも約30年遅れて出発している。先を行く身体障害者スポーツとの比較作業が必須課題となる。

（3）用語の定義・表記

①日本スペシャルオリンピック委員会（JSOC）とスペシャルオリンピックス日本（SON）

　本研究では、知的障害者スポーツ組織「スペシャルオリンピックス」を対象とするが、同組織は、国内での展開において二つの運営組織が存在している。まず、1980年代を中心に「日本スペシャルオリンピック委員会（JSOC）」があり、

1992年にいったん解散している。

　その後1994年に「スペシャルオリンピックス日本（SON）」という新組織が設立され、現在まで継続している。どちらも国際本部（SOI）による基本方針、ルールに基づいて運営されており、日本国内の組織体制の変更が活動理念に大きく影響していることはない（第2章、3章で展開）。本研究では、どちらかの組織体制を指し示す場合はそれぞれの名称を用い、とくに区別する必要がなくこの活動をまとめて扱う場合、および新組織を対象とする場合は「スペシャルオリンピックス」と表記する。

②知的障害、障害等に関する表記

　「知的障害者」について、精神薄弱福祉法から知的障害者福祉法への法改正（1999年）以前は「精神薄弱者」という呼称が用いられていたが（中央法規2010：400）、本研究では改正前の時代のことを記述する際も現在使われている「知的障害」を用いる。また、近年では「障害」を「障がい」、あるいは「障碍」と表記する議論もあるが、本研究では関連法等に基づき「障害」とする。また、用いた資料・文献に関して、発行元が「日本障害者スポーツ協会」と、「日本障がい者スポーツ協会」というものが存在するが、本論文では修正することなく発行当時のまま表記する。

　併せて、知的障害児教育の場である「養護学校」も2007年の学校教育法の改正により「特別支援学校」と改称されたが（同書：429）、本研究ではそれ以前に関する記述においても「特別支援学校」と表記する。

　なお、いずれも引用等の場合は原文通り用いる。

③保護者という伴走者

　本研究では知的障害者スポーツの発展は、当事者のスポーツ要求に応えることで実現するという観点に立ち、その内容の検討を主たる課題としている。しかし、その障害特性により量的調査に必須な質問紙法を直接当事者に採用することは難しい。そのため「保護者という伴走者」に対する調査分析からそのス

ポーツ要求を推定して検討することとする。

④障害者スポーツ、知的障害者スポーツ

　障害者のための特別なスポーツがあるわけではなく（大久保 2012：23）、同様に、「知的障害者スポーツ」という専門競技が存在するわけでもない。その上で、本研究では障害者が行う、あるいは参加するスポーツが一般的に「障害者スポーツ」と称されていることにならい、知的障害者が行う、参加するスポーツを「知的障害者スポーツ」とする。

　なお、「体育」と「スポーツ」の位置付けに関する議論があるが（松田 1999：188）、本研究で扱う資料や関係者はこの両者を分けることに言及していない。また、別々に扱うと議論の幅が狭くなってしまうため本研究では区別しない。

（4）本書の構成

　本書は、序章、第1章から第5章、終章で構成されている。知的障害者スポーツの発展に関して、当事者の要求は具体的にどのようなものであったのか、また、それに応える運営組織はどのように展開してきたのかを調査分析し、仮説の検証を行う。

　この序章では、本研究の背景、問題意識、研究の視点の概要を述べてきた。以下の各章は次のような内容となっている。

　続く第1章では、障害者スポーツに関連する先行研究の検討を行う。障害者スポーツにおいても、一般スポーツでの「競技化と高度化」といった問題と関わってそのあり方を問う言説が提起されてきている。それらの研究から本・知的障害者スポーツ研究の意義を明らかにする。

　第2章では、初期のころの国内の知的障害者スポーツの状況、すなわち国内の知的障害者スポーツが学校や障害児者福祉施設の中から全国大会へと展開され始めた時期に着目する。当時の資料を読み解き、その実態がどのようなものであったのかを明らかにする。この段階のスポーツ要求に応える活動はその後

の展開に大きく影響する部分であり、スペシャルオリンピックスの基本的な方針が確立する期である。

　続く第3章では、知的障害者スポーツ組織「スペシャルオリンピックス」の近年までの発展過程を確認する。1980年代以降、スポーツの機会を求める潜在的な要求に応えてきたものの、年に1回全国大会を実施していただけの状況からどのようにして全国に活動拠点を設け、会員8千人まで拡大してきたのかを検討する。組織的な活動が確立する期である。

　さらに第4章では、前章（第3章）の結果を受けて、会員数が停滞している理由に関して、アスリートのスポーツ要求の内容を検討する。ここで明らかとなったのは、その要求は単にスポーツの機会の拡充を求めているだけではなく、質的に変容してきているということであった。到達点が切り拓いてきた新たな課題を模索する期である。

　これに対して第5章では、アスリートのスポーツ要求に一番近い存在として同組織のスポーツプログラムを支えるコーチがどのように応えようとしているのかを検討する。当然のことながらアスリートのスポーツ要求と合致していることが望ましいが、実態は異なるものであった。新たな課題を検討し今後の方向を探る期である。

　終章では、各章の要約と仮説の検証をまとめた上で、今後に向けて本研究を総括する。知的障害者スポーツに関して、「参加」と「競技性」は対立するものではなく、両者を含めスポーツのリアリティを「文化」として位置づけていくことを提起する。

　なお、本研究では以下の拙論を加筆修正して用いている。

　　第3章、田引俊和・仲野隆士・松本耕二（2018）「知的障害者スポーツ組織の
　　会員動向の特徴　スペシャルオリンピックス日本のアスリート推移に着目して」
　　『生涯スポーツ学研究』14（2）．53-59.
　　第4章、田引俊和（2018）「知的障害者のスポーツニーズと課題の検討　〜ス
　　ペシャルオリンピックス参加者の保護者を対象とした調査分析〜」『北陸学院大

学・北陸学院大学短期大学部研究紀要』第10号，73-78.

　田引俊和（2019）「知的障害者のスポーツニーズと課題の検討（2）〜スペシャ
ルオリンピックス参加者の意識調査と5年前との比較〜」『北陸学院大学・北陸
学院大学短期大学部研究紀要』第11号，63-74.

　第5章、田引俊和（2019）「知的障害者スポーツの評価〜スペシャルオリンピッ
クスのスポーツプログラムに対するコーチの意識〜」『日本障がい者スポーツ学
会報告』第27号，24-29.

注

1）具体的には、夏季競技として競泳、オープンウォータースイミング、陸上競技、
体操競技、バドミントン、バスケットボール、ボッチ（SOボッチャ）、ボウリン
グ、自転車、馬術、サッカー、ゴルフ、柔道、新体操、ソフトボール、卓球、
ハンドボール、テニス、バレーボールがある。夏季準公式競技としてクリケット、
カヤック、フライングディスク（国内のみ）が、冬季競技としてアルペンスキー、
クロスカントリースキー、フィギュアスケート、フロアボール、フロアホッケー、
スノーボード、スノーシューイング、ショートトラックスピードスケートがある。
他に、全国大会や地域・地区単位の競技会を実施している（スペシャルオリンピッ
クス日本編：2017）。

2）2017年12月末現在で8,250人である。（2017年度活動概要、スペシャルオリンピッ
クス日本ホームページ、http://www.son.or.jp/　参照日2018-11）

3）2018年9月22日（土）〜24日（月）に開催された「2018年第7回スペシャルオリ
ンピックス夏季ナショナルゲーム・愛知」では、競泳、陸上競技、バドミントン、
バスケットボール、ボウリング、馬術、サッカー、ゴルフ、体操競技、卓球、
テニス、バレーボール、フライングディスクの13競技が行われ、アスリート996名、
コーチ・役員602名、ボランティア延べ3,801名が参加している。（スペシャルオ
リンピックス日本ホームページ、http://www.son.or.jp/　参照日2018-11）

4）2016年2月12日（金）〜14日（日）に行われた「2016年第6回スペシャルオリンピッ
クス日本冬季ナショナルゲーム・新潟」では、アルペンスキー、スノーボード、
クロスカントリースキー、スノーシューイング、フィギュアスケート、ショー
トトラックスピードスケート、フロアホッケーの7競技が実施され、アスリー
ト614名、コーチ・役員329名、延べ4,100名のボランティアが参加している。（ス
ペシャルオリンピックス日本ホームページ、http://www.son.or.jp/　参照日

2018-11）

5）2018年11月現在。（スペシャルオリンピックス国際本部、SOI＝ Special Olympics
International）ホームページ、https://www.specialolympics.org/about 参照日
2018-11）

6）各ディビジョン内における最低人数／チーム数は3で、最高人数／チーム数は
8とされ、性別、年齢、競技レベルの順に分けられ、規定数が充足されない場
合は調整される。いかなるディビジョンにおいても最高得点と最低得点の差が、
規則ではないものの、15％を超えないようにすることがガイドラインとして推
奨されている。

7）ナショナルゲーム、リージョナル大会、世界大会、またその他のいかなる競技
会や大会において、各種目の1位から3位までの入賞者にメダルが授与される。
また4位から8位までの入賞者にはリボンが授与される。失格（スポーツマンら
しくない行動以外の理由による）や途中棄権者には参加賞のリボンが授与され
る。

8）上位レベルの競技会への進出条件の基本原則として、「どの競技能力のアスリー
トも、参加する競技と種目で次の上位レベルでの競技会が提供されている場合、
その競技会へ進出する機会が等しく与えられている。」と明記されている。その
上で具体的な手順として、①選出手順については経過と基準について予め公表
し、②進出条件を満たす選手やチームの数がクォータ（参加枠）を超えない場合、
すべての選手とチームが進出する。③参加枠を超えた場合は、（前段階となる競
技会等での）競技や種目の全てのディビジョンにおいて1位が最優先される。
④1位入賞者数が参加枠を超える場合、進出する選手やチームは無作為抽選に
よって選出、⑤1位入賞者数が参加枠に満たない場合、すべての1位入賞者が
進出し、参加枠の残りについては、その競技や種目の全てのディビジョンにお
いて2位に入賞したものの中から無作為抽選によって選出される。⑥全ての1
位、2位入賞者が進出しても参加枠が満たない場合は、その競技や種目の全て
のディビジョンにおいて3位に入賞したものの中から無作為抽選によって選出
される。

9）具体例の一つではあるが、初期のころの全国大会から実施されており参加する
選手も多い陸上競技100mの中央値をみてみると、1998年の神奈川大会で17.9秒、
2002年の東京大会で17.8秒、2006年の熊本大会で16.89秒、2010年の大阪大会で
16.87秒と、少しずつ記録は向上している（松本 2014：61）。

10) ニルス・エリック・バンク-ミッケルセン（デンマーク）が提唱した「ノーマラ
イゼーション原理」を推進したベンクト・ニィリエ（スウェーデン）は、「『こ
の原理は知的障害者ができるだけノーマルに近い生活を送ることができるよう
に働きかけるものである』。あるいは、言い換えると『その地域で主流になって
いる生活条件にできるだけ近い環境で、知的障害者が毎日生活できるようにす
ることを意味する』と理解できる」と示している（ニィリエ 1998：54）。

11) なお、スポーツの権利に関しては次のような原理論として指摘があることにも
触れておく。
・「スポーツをする一般的な自由があることは疑う余地もないし、そのような自
由は制限されてはならない。しかし、なぜスポーツ権をあえて人権としなけ
ればならないのだろうか（松宮 2013：2）」
・「人々の人生において、スポーツは選択できる多様な余暇活動の中の一つにす
ぎない、ということである。スポーツ研究の著作を見ていると、しばしば『ス
ポーツをもっとやるべき』という暗黙の価値設定の上でなされている議論が
多い気がする。しかし（著者注：途中省略）他の諸活動との間で選択される
活動の一つとして考察していく視点をもつことが必要なのではないだろうか
（広田他 2011：17）」

12) スポーツ基本法の前文では、「スポーツを通じて幸福で豊かな生活を営むことは、
全ての人々の権利であり、全ての国民がその自発性の下に、各々の関心、適性
等に応じて、安全かつ公正な環境の下で日常的にスポーツに親しみ、スポーツ
を楽しみ、又はスポーツを支える活動に参画することのできる機会が確保され
なければならない」と明記されている。

13) スポーツ基本法の制定に対しては、「スポーツ関係者の多くは、スポーツ基本法
によってスポーツ権が人権として認められたと考えているが、立法関係者はそ
う考えていない（松宮 2013：9）」という見方もある。

14) 発達保障論は、重症心身障害をもつ“障害児”の発達を保障する取り組み、“障害
児”の教育を受ける権利を保障する取り組みの中で生まれた理論（峰島 2015：
140）。

15) 岡村重夫による社会福祉の拡大、発展に関する社会福祉論で、「相互扶助」から「福
祉国家（社会福祉の拡大）」へ、そして「福祉国家」から「現代の社会福祉（社
会福祉の限定）」にいたる社会福祉の発展の契機は、「生活者の要求」に求めら
れた（松井 1990）。

16) 知的障害に関する法的な定義はない。手帳制度については、「療育手帳」が適用され、A（重度）、B（その他）に分けられている。ただ、この手帳制度は身体障害がある人たちを対象とした「身体障害者手帳」のように全国同じものではなく、その名称や等級の分け方等は自治体ごとに異なる場合がある。

17) スペシャルオリンピックスの公式ゼネラルルール（スペシャルオリンピックス日本 2016a）では次の条件、①専門機関や専門家により知的発達に障害があると診断されている人、②IQテストや、所管の専門機関で一般的に用いられている認知の遅れを測る信頼のおける標準的な指標に基づいて知的障害があると認められる人、③知的障害に類する障害を持っている人、のいずれかを満たせば参加資格である知的障害があるとみなされている。なお、他の精神や身体の障害があるかどうかは関係がないことも明記されている。

18) 公式ゼネラルルールでは参加の年齢について、「スペシャルオリンピックスの参加者の年齢には上限がなく、参加できる最低年齢は8歳からとする。認定プログラムでは6歳以上の子供が年齢に適したトレーニングやイベント、文化活動や社会活動への参加を認めることができる。6歳以上の子供は、競技会に参加しないことを条件に、SOIの承認を得た上でトレーニングや、競争性のない活動に参加できる。しかし、8歳未満では、競技会に参加したり、競技に出てリボンやメダルをもらうことはできない」と明記されている。

第1章

障害者スポーツ研究の動向

本書は、知的障害者のスポーツ要求という研究の視点を用いてその到達点と課題を検討するものである。本章では先行研究からみた本研究の意義を明らかにしていく。序章３（２）でも述べたように、本書が検討する知的障害者スポーツの到達点と課題は1980年代の前半を起点として現在までを対象としているが、知的障害者スポーツ組織での研究の蓄積は多くない。ここでは先に展開された身体障害者スポーツ、あるいは一般スポーツでの議論を先行研究分野として、とくに障害者スポーツのあり方の基本に関する研究動向、およびその背景としての障害者の福祉論に関する検討を行う。また、それらをレヴューしつつ、知的障害者スポーツ研究の制約と意義を明らかにする。

1　障害者スポーツの批判的研究動向と本研究の意義

（1）障害者スポーツの「競技化と高度化」批判

　現在、障害者スポーツは障害種別にかかわらずさまざまな形で活動が行われるようになってきている。また、序章２（２）−２ではスポーツ組織について、多様な分類とともに研究の到達点、スポーツ組織論について触れた。一般スポーツに関して組織の基本的な性格のあり方が問われているというものであった。そして障害者スポーツにおいても、一般スポーツと関わってそのあり方を問う言説が提起されてきている。

　それらは障害者スポーツの「競技化と高度化」ということに着目し、以下のような言説・評価から障害者スポーツの基本的な性格、あり方について指摘している（なお、その内容として「オリンピックへの追従」「勝利（至上）主義」「ルール主義」など、何を象徴的なものとして取り上げるかという相違はあるが、ここでは基本的には同義語として捉える）。まず、典型例でその内容を紹介する。

高橋（2017：103）は、「障害者スポーツの進展は、近代スポーツへの『包摂』であるという見方も可能ではあるが、一方で、障害者スポーツがその独自性を放棄し、近代スポーツへと同質的な文化や行動様式を共有するという『同化』になっていると指摘できる。近代スポーツへの『同化』であるがゆえに、競技化された障害者スポーツにも、『たとえ障害があっても、上達のために努力を惜しまず、困難があってもひるまずに、諦めることなく目標に向かって突き進み、その結果として勝利がもたらされる』という競技スポーツの規範が求められることになる。」と述べている。（高橋豪仁2017：103）

　また、立木（2008：286-299）は、「障害者スポーツの象徴的イベントとなったパラリンピック」として、「高度化の最たるものの１つであるオリンピックへの追従は、障害者スポーツの流れそのものである」と述べる。加えて、競技化や高度化に関して、より競争の要素を強め、メダルの価値を維持するためのルール変更が、パラリンピックや各種国際大会の高度化と障害者アスリートの競技への専念化を後押しすることになったことに触れている。さらに、義足や車いす等の福祉用具・機器、スポーツ用品の開発・改良や、スポーツに関する制度・ルールの改良も高度化につながるとしている。

　いずれも、障害者スポーツの「競技化と高度化」が一般スポーツのそれに「同化」、あるいは「追従」したものとなり、障害者スポーツの独自性を放棄させていると批判している。この「同化」した、あるいは「追従」した勝利至上主義ということは既に一般スポーツにおいても問題となっていることであり（森川 1988：4）、ここに障害者スポーツも組み込まれようとしていることへの二重の指摘である。
　加えて、こうした批判が以下に示すような障害者スポーツの基本的な性格にかかわることを根拠に提起されていることも見逃せない。

高橋（前掲書：104）は、競技性を高めるために行われるクラス分けの統合が「クラス内で障害の重い選手が不利になる（川西 2013：103)」ということと、障害者を対象とした全国調査の結果を用いて「健常者に比べて障害者の運動・スポーツの実施率は低く、中でも程度の重い人の実施率が低くなっている（高橋同書：104)」ことに着目し、さらに、「パフォーマンスの卓越性が追求され、競技の高度化が進むことによって、障害者の中でもより重度の障害者の参加が疎外されることになる（同書)」ことを指摘している。

　立木（前掲書：287）では、「障害者スポーツの高度化、多様化が進み、パラリンピック等の国際大会における障がい者（ママ）トップアスリートとともに、さまざまなレベル、種目をそれぞれの目的で楽しむ障害者スポーツ愛好者がつくりだされていった。しかし、高度化が進む一方で、大衆化としての日常的な障害者スポーツの環境整備が遅れている」と、障害者スポーツ発展の障壁になっている側面があることを指摘している。さらに、障害者が地域においてスポーツを行うことについて、障害者自身の身体的、精神的な障壁とともに、スポーツ施設や交通アクセス、関連情報や仲間の不足といった社会的な障壁が大きく立ちふさがっていることにも触れている（同書：295)。

　したがって、明らかに両者は一般のスポーツのあり方やスポーツ論から障害者スポーツの「競技化と高度化」を取り上げ、日常的な障害者スポーツの広がりや重度者の参加といった「障害者のスポーツ参加の広がりづくり」、すなわち障害者スポーツの基本的な性格が軽視されていることを指摘している。このような内容の言説を成り立ちや背景から整理すると、前述の一般のスポーツ論に加え、障害者スポーツ論とくに発展段階に関するもの、社会全体における平等論、さらに障害や障害者に関する福祉論、優生学に関するものからの批判が

ある。以下、これについて述べる。

　まず、障害者スポーツ論について、とくにその発展段階から検討しているものを取り上げる。国内の障害者スポーツの変遷について、藤田（2014：7-11）は次のように五つの期間に区分してその特徴を述べている。第1期を障害者スポーツ振興のためとなる基礎となる組織が形成される1975年までの期間、第2期を各種競技大会が開催されるようになる1976年から1990までの期間、第3期を冬季パラリンピック長野大会の開催が決定した1991年からパラリンピック長野大会が開催された1998年までの期間、それ以降の統合化・高度化の流れを第4期、そして、2011年にスポーツ基本法が制定されて以降、今日に至るまでを第5期としている。

　このうち第3期（パラリンピック長野大会の開催決定から同大会開催まで）については、「長野パラリンピックの競技力強化とも相まって、大会への参加が目標でなく、勝つこと、競技力の向上が目標とされるようになった。（筆者注：途中省略）競技指向が高まり、競技レベルが向上した」「長野パラリンピックを目指した競技力向上策が講じられたことなどから、競技指向が強くなったと推察される」と、障害者スポーツの競技化が進んだことを指摘している。

　藤田の指摘は、障害者スポーツにおいて各種競技団体が設立、整備され、競技大会等が広がるなかで、その発展の一つとして「競技化と高度化」が進んだというものである。その点では障害者スポーツの到達点によって生じてきた課題だと言える。そして藤田（同書：11）は、「障害者スポーツを取り巻く環境が大きく変わろうとしている状況」と認識したうえで、競技化・高度化という到達点における課題として、この状況を単に批判するのではなく、障害者スポーツの普及と強化の課題として二つの点をあげている。一つは、比較的障害が重いと考えられる人を視野に入れながら、特別支援学校卒業後、一般学校に在籍する障害児、リハビリテーションを終えた障害者をどう地域スポーツに導くか、その環境作りの重要性を指摘している。もう一つは、障害者の競技スポーツ人口が著しく少ないことと、競技団体組織が非常に脆弱であることに触れつつ、障害者スポーツをどのように強化していくかということである。

しかし、他方で藤田（1999：293-96：2013：129-130）は、こうした到達点で生じた課題を、「これでよいのだろうか」と基本的な性格の変質ではないかという疑念も表明している。さらに後述（2-（1））するように、「勝利とは異なる」新たな障害者スポーツの価値を提案している。したがって、藤田は障害者スポーツの発展から生じた課題と言うが、その課題に「同化」「追従」するなどの力が働いて「障害者スポーツを取り巻く環境が大きく変化」した結果、それとの関係で基本的な性格の放棄、あるいは相いれないものになっていった、と捉えているものと解釈する。

　次に、障害者や一般スポーツのこのような批判的研究を踏まえつつも、それらをスポーツ以外の社会全体における捉え方や福祉論などから批判するものを取り上げる。

　　　竹内（2010：22）は、「『弱者』を排除する不平等な市場秩序による支配（＝規則rule）の実施を、巧妙にすべての人への同一ルールの同一適用などとして『平等』を装って強要する」という新自由主義という考え方のもとでのルール主義による不平等を指摘している。さらに、「スポーツの勝者や敗者と同じく、社会における『強者』と『弱者』が、また両者の不平等の拡大もが、公平なルールの同一適用により生じた事態として正当化される」とも述べている。
　　　なお、ここでいう「弱者」を、竹内（同書：16）は、「新自由主義により排除・差別される『弱者』の代表は、昔も今も存在する遺伝病者をはじめとする障がい者や高齢者、病者など、健常者に対して、通常『能力が劣るとされる人』なのである」としている。

　このような竹内の言説をもとに障害者スポーツをみると、そこでの「競技化・高度化」といった課題は、新自由主義による排除と差別と同じような構造、つまり強者と弱者を生じさせ、弱者を排除する不平等をもたらすという、障害者スポーツの基本的な性格と相反するものになってしまっていることがわかる。

さらにこのような「ルール主義」への言説と同じく、障害者、あるいは障害者の福祉論、とくに不利益や不平等思想から批判するものもある。

　　　星加（2007：120）は障害者が経験する不利益の生成について、「社会的に望ましいとされること（筆者注：著者は別の個所で「社会的価値」という表現を用いている）を実現するのにどの程度適した個体であるか、ということが、諸個人の有利／不利を基本的なレベルで規定する」ことに言及している。さらに、「『社会的価値』のあるものとして浮上した活動は諸個人に対して中立的に立ち現れるのではなく、個々の『個体的条件』の如何に応じてある種の序列化を生み出し、（筆者注：途中省略）『スポーツ』や『学問』には、それぞれに適した『個体的条件』というものがあり、そうした『社会的価値』の現れ方に応じて各人の『個体的条件』は意味付けられ、序列化されていく」と述べている（星加　2007：120）。

　このように星加は障害者の福祉論から、障害者が経験する不利益の生成に言及している。結果的に、障害の特性によりスポーツのルールの理解や習得、チーム競技でのコミュニケーションに制約がある場合は、その「個体的条件」のため当事者の意向とは関係なく今のスポーツの「社会的価値」に十分に応えることができない存在と位置付けられてしまうことになる。重度障害者や知的障害者にとってスポーツ参加はより遠いもの、すなわち障害者スポーツの基本的な性格と矛盾するものとなってしまう。
　また、障害者の福祉論（障害学と提唱されている）、とくに不平等待遇だけではなく排除という点から言及するものもある。
　この状態（筆者注：前述の星加が言う「個体的条件と社会的価値の乖離」）の解消のためには本人が努力して社会的価値に応えられるようになるか、あるいは、そうでなければ不利な状態のままということになるが、重度障害、あるいは知的障害ではそれを変えることは現実的ではない。また、努力して本人の変容を目指すのであればそこでもまた対応できる人、対応できない人の再生産が

起こることになってしまう。結局、障害学の立場で指摘されている「同化には統合で報いるが、異化には排除で応じるという図式は規定の事実（石川 2002：35)」ということになる。

　これら竹内、星加、石川の指摘は概して、「強者」や「できる人」に有利に働き、結果的にそうでない人は不平等待遇、ないし排除になってしまいかねない、というものである。いずれも障害者スポーツやスポーツ論以外からの平等／不平等（あるいは利益／不利益）論をもとにしたものであるが、「競技化と高度化」という障害者スポーツにおける基本的な性格と両立することが難しい問題が作り出される背景の一つとなっている。
　さらに、「勝利主義」を目指すスポーツに対する思想のあり方として、優生学とくに遺伝子操作からの指摘もみられる。

　　マイケル・J・サンデル（2007=2010：14）は、「プロスポーツでのステロイドやその他のパフォーマンス向上（エンハンス）薬物の蔓延を念頭に置けば、多くのスポーツ選手が遺伝子増強の利用を望んでいるものと考えてよい」として、遺伝子改変されたスポーツ選手が登場する見通しに触れて、「被贈与性の倫理はスポーツでは凋落の危機に瀕している（同書：49）」と懸念を示している。
　　さらに、「競争社会で成功を収めるために子どもや自分自身を生物工学によって操作することもまた一種の自由の行使ではないか、と考えたくなるのも無理はない。だが、（筆者注：途中省略）世界に合わせるために人間の本性を変更することは、実際にはもっとも深刻な形態の人間の無力化（ディスエンパワメント）をもたらす」とも述べている。

　とくに障害者スポーツのあり方を取り上げたものではないが、遺伝子操作等によりスポーツが、「与えられた能力の中でのスポーツ」から離れる方向にあることを指摘している。このような思想では、「競争での成功」とは関係ない

とされがちなもの、たとえば障害という最新医学でも治癒しない、遺伝子操作も適用できないものは不平等に扱われてしまう、あるいは対象とされないことになる。スポーツの「競技化と高度化」に関する根本的な批判だと受け止められる。

（2）批判的研究動向をふまえた本研究の意義

　ここまで障害者スポーツに関する批判的研究の動向を整理してきたが、あらためてその特徴をまとめる。一つには、障害者スポーツの現代的な状況である「競技化・高度化」が、日常的なスポーツ、あるいは重度者の参加といった「参加の広がりづくり」という基本的性格と相いれないものになっているという根本的な問題として提起されていることがある。さらにもう一点、それらが障害スポーツの「内」ではなく、現代社会における障害や障害者に対する平等／不平等（あるいは利益／不利益）や排除を進める思想や動向の一つとして、「外」との関係で指摘されているということである。

　したがってこれらの特徴は、現代における障害者スポーツ関係者にとっての課題ということに加え、障害や障害者に対する見方や不平等是正といった社会全体の改革と連携して取り組んでいくべき課題ということを提起しているといえる。

　ただし、ここでみた先行研究の動向は障害者スポーツにおける現代的状況をとらえてのものであり、その独自性や基本的性格がどのように変質していったのか、という経緯等まではほとんど言及されていない。障害者スポーツの基本的性格とその「外」にあるものとの関係性や作用動向については、「同化」や「追従」、さらに「放棄」「排除」「取り巻く環境の大きな変化（の影響）」ということは示されているが、それ以上の明確な論及はない。その関係性や関係構造に触れたものもないと言える。したがって、前述したように障害者スポーツだけの問題にしないという方向性は示されるが、「外」との関係性や関係構造には言及しておらず、その改善をどのように進めるのか、具体化については多くが

今後の課題となっている。

　さらに、知的障害者スポーツを対象とする本研究では次の点も特徴として指摘せざるを得ない。それは批判的研究の多くが「障害者スポーツ」として展開している中で、「知的」障害者スポーツの現代的状況がほとんど意識、検討されていないのではないかということである。

　国内の障害者スポーツは身体障害者を対象としたものから始まり、一方で知的障害者スポーツは事実としておよそ30年あとから独自に展開してきている。また、知的障害者スポーツ組織「スペシャルオリンピックス」は、知的障害のある人たちにとってのオリンピック・パラリンピックと同じような位置にあることに加え、オリンピック・パラリンピックとは大きく異なる特徴的な運営を行っている。そして、それらはほとんど知られていない。

　意図的に除いたものではないだろうが、ここまで用いた先行研究に知的障害者スポーツへの言及は多くなく、「オリンピック・パラリンピックへの追従」「ルール主義」といったことを取り上げながら、スペシャルオリンピックスの特徴的なルールや組織的活動の実際、あるいは参加している知的障害者についての言及はみられない。

　国内の障害者スポーツの変遷を示した藤田（前掲書：9）は、第3期で「スペシャルオリンピックス日本が新たに立ち上がり、国内の知的障害者のスポーツ活動を推進し始める」、あるいはパラリンピック長野大会に知的障害者も参加したことにも触れ、「知的障害者のスポーツ活動が活発になった時期でもある」ことを述べているが、詳細までは示されていない。知的障害者スポーツは競技化・高度化の議論とは少し離れているような印象である。

　障害者スポーツの研究動向が、なぜ障害種別で「状況」が異なっているのか、さらには、どうしてこのような状況になってしまったのか、知的障害者スポーツからの発信等を含め、今後に残された重要な研究課題だと考える。

　以上のように障害者スポーツの研究動向を検討してきたが、知的障害者スポーツを対象とし、また、現代までの到達点を明らかにする本研究においてはそれを主たる論点には採用できない。ただし、知的障害者も含めた障害者ス

ポーツの今後の動向としては重要な方向性の提起であり、今後の研究では認識しておくべき課題とする。併せて、「外」からの作用がほとんどないために「内」と「外」との関係がほとんど問われない本研究の制約はすでに序章で述べてきたとおりであり、先行研究の検討も含めた主たる論点は序章の2（2）で示したものである。

　なお、知的障害のある人を対象としたものではあるが、スポーツ組織の活動の検討をとおしてスポーツのあり方を問う本研究から、障害者スポーツの研究動向についてさらに問題提起を行う。ここまでみた先行研究では、「障害者スポーツの当事者、関係者、組織」がなぜこのような状況になってしまったのかということについて十分に検討されていない。「内」と「外」との作用関係、あるいは関係性のあり方が問われるだろうが、その改善の主体は「当事者、関係者、組織」である。「内」のあり方が、「外」の作用に対するあり方や関係性のあり方を規定すると考えられ、改善の方向を明らかにするためにも今後検討していくことが期待される。

　したがって、本研究の視点として「スポーツ要求」に加え、それを守り発展させていく「組織的活動」も採用することは、現代において現状を改革する方向を具体的に明らかにするものとして意義があると考える。なお、この点の先行研究はまだ少ないこと、さらに知的障害者スポーツ組織の独自にある研究制約もすでに序章の2（2）で述べてきたとおりである。

2　障害者スポーツの新たな価値提起

（1）障害者スポーツの新たな価値

　ここまで障害者スポーツの研究動向をみてきた。その内容は、身体障害者中心であり知的障害者スポーツの動向を十分に踏まえていないものであること、

疑念の表明に止まっているものもある段階であること、主体の側の研究がされていないといった制約があるもの、であった。

しかし一方で、指摘の根拠となっている「日常的なスポーツの広がりの軽視」や「障害の重い人の排除」に対して、だれもが参加しやすい障害者スポーツとして独自のあり方も提案されてきている。そのことは本研究においても先行研究として位置付けて検討しなければならない。

その代表的なものを紹介する。

まず、藤田（1999：296-97）は「アダプテッド・フィジカル・アクティビティ」という考え方を用いて、次のように障害者スポーツの新たな価値を提起している。

> 「スポーツをする本人を尺度として、スポーツや身体活動に参与する。他者との対峙はなく、価値も個人の中に追求される。それゆえ、スポーツの世界に支配的な、勝利、普遍的ルール、平等性といった要素とは異なった価値を見出すことが可能である。その一つは、個人のスポーツの技能の向上、記録の向上、自分らしさの表現、それらが達成された時の感動という、スポーツを通して味わう自己表現、自己達成の世界である」（藤田1999：296-97）

加えて、高橋豪仁（2017：106）もほぼ同様の提起をしており、「多様性が認められる多元主義的な社会においては、障害者スポーツの独自性が肯定的に認知されるばかりでなく、障害者スポーツを受けとめるためにスポーツ全体のあり方が変容することにつながってゆく。」と肯定的に述べている。

さらに立岩（2000：43）は障害者スポーツに関したものではないものの、正常な自己決定能力を有していない者、弱い人などに関して、「過剰なものを差し引く行い（筆者注：途中省略）、その人が条件をつけずに肯定されること、少なくとも許容されること」と述べている。重度障害者や知的障害者もその特性の中でスポーツを楽しめ、できる存在として条件をつけずに肯定され、それは

社会が思うほど十分なスポーツではないかもしれないが、その価値は当事者が決めればいいことになる。

（2）提起された価値に対する本研究の立場

　総じて、これらの言説の特徴は、「個々人のスポーツ参加の価値」（個人の中に追及される、多様性が認められる多元主義、条件をつけずに肯定される）が、「スポーツの世界に支配的な勝利・普遍的ルール、平等性」「一元主義」「条件をつけて」など「競技性と高度化」とは異なる新しい価値として提起されていることにある。加えて、括弧書きでも示したように単なる異なるものではなく、「競技性と高度化」に対立的な価値概念となっていることも大きな特徴である。

　そして、二元的に捉えることについて、その中間やバランスについても提起されている。

　渡（2012：320）は車椅子バスケットボールの検討を行った著書の中で、次のように述べるなど、新たな価値観とスポーツのあり方に言及している。

　　　「『アダプテッド・フィジカル・アクティビティ』から出発し、わが国において独自の概念化が施されたアダプテッド・スポーツは、他者との競争や勝敗から遠く離れすぎてしまったように思える。むろんアダプテッド・スポーツに有効性がないと断じているわけではない。日本におけるアダプテッド・スポーツとは、単に『障害者用にルールを変えたスポーツ』になりすぎてしまったのだ。」（渡 2012：320）

　前述した新たな価値観は、一般スポーツとは異なる次元でのとらえ方となっているが、対立的な価値概念における共存的なバランスは考えさせられる。実際には、「同化」「追従」、あるいは「放棄」など、「力」や「できる／できない」という関係による、どちらか一方に重きを置いたものとなってしまう可能性はある。

知的障害者スポーツの到達点と課題を検討する本研究は、いまだそこにおいては新たな価値が対立的に現れていない段階であり、今後に向けてどのような基本的なあり方があるのかということは提起できない。しかし、個々を大切にするという基本的性格から競技性や高度化がどのように生成されてくるのか、ということは明らかにできる。すなわち、基本的性格と、競技化・高度化との新たな関係性は示すことができると考える。本研究の立場は、知的障害者スポーツでの蓄積から一般スポーツにも適用できる原理を提起しようとするものでもある。

3　知的障害者スポーツ研究の動向

　本書が対象とする知的障害者のスポーツ自体を目的とする独立したスポーツ組織での継続的な活動は1980年代になってからのことである。そのため、それ以前のものに関する知見は先行研究とはならないので紹介するにとどめる。具体的には、実践を時系列的に示したもの（全日本特殊教育研究連盟・日本精神薄弱者愛護協会・全日本精神薄弱者育成会共編 1963；総理府編 1997；川田 1972：4；玉井 1969：19）といったものである。以降の研究では、特別支援学校での取り組みに関する報告・評価（壹岐・草野 1994；七木田 1998；髙橋ゆう子 2010）など、余暇活動の一部、あるいは教科やクラブ活動としての意義の検討がみられる。また、「知的障害者の運動研究が始まった当初は、知的障害者の運動課題の成績が健常者のそれと比較してどうか、ということに関する研究がほとんどを占めた（奥住 2005：13)」という指摘もある。いずれも本研究が用いる当事者のスポーツ要求という視点はまだなかったといえる。
　そして、1990年以降にスペシャルオリンピックス、あるいは本論が対象とするような知的障害者スポーツの研究がみられるようになる。具体的に、スペシャルオリンピックスそのもの、あるいは関連の大会等に言及するもの（仲野 1996；川西 1997a, 1997b；井上 2016；勝二 2011；岩沼 2014：10-20；松本

2014：52-61）である。これらは同組織や大会の持つ特徴、課題や今後の展望を示すものである。また、同組織に携わるボランティアスタッフ（大山他 2012；田引 2009）や知的障害がある当事者会員の保護者（荒井・中村 2006；荒井・上田 2008；田引 2018）に着目し、周囲の人たちとの関係や影響を分析しているものもみられる。

　多くは各論として展開しているが、志村・仲野（2014：22-33）が当事者に対して直接的な調査を試み、10名へのインタビューから「自己表現としてのスペシャルオリンピックス」という結論を示している。この志村の言説を除き、多くは周辺からの運営マネジメント的な検討であり、前提となる当事者のスポーツ要求に立ち入ったものではない。知的障害という障害特性ゆえにやむを得ない側面であり、知的障害者スポーツ論を構築していく、あるいは体系化させていく上での課題の一つでもある。

　また、社会との関係を意識したものとして（鈴木 1981a；佐藤 2001）などがあり、とくに渡邊（2006）は身体障害者スポーツとは異なる展開であったことに触れつつ「スペシャルオリンピックスムーブメント」として国内の知的障害者スポーツの基盤を築いた歴史的意義に言及している。加えて、井上（2011）もスペシャルオリンピックスを概観するとともに、1980年代からの石川県内の知的障害者スポーツの取り組みをまとめている。いずれも国内の知的障害者スポーツの歴史的側面に対する貢献は評価できるものであるが、一方で、その背景には当事者のどのような願いや想いがあったのかというところまでは検証されていない。

　このような研究蓄積の中で、本研究は知的障害のある人たちのスポーツ要求に着目して検討を行う。特別支援学校や福祉施設を越えた知的障害者スポーツはどのように展開発展してきたのか、また、現在はどこまで到達しているのかを検討する。ただし、単なる歴史研究というものではない。今後、知的障害者スポーツの各論をさらに深化させていく前提となる、研究の方法論的視点として当事者のスポーツ要求の内容、およびその内容の変化・発展に即したスポーツ保障のあり方に着目すること、検討することの意義を提起するものである。

4 知的障害者スポーツ研究における「スペシャルオリンピックス」研究──その制約と意義

　本書では、スペシャルオリンピックスという知的障害者スポーツ組織の展開過程と参加者の意識分析を通して、日本の知的障害者スポーツの到達点と課題について検討を行う。ここではその制約と意義について述べる

　既に述べてきたように、スペシャルオリンピックスは知的障害のある人を対象に、スポーツの祭典と言われるオリンピックの役割を担う代表的な組織として評価し得る。しかし、国内での認知度は19.8％と、広く知られているパラリンピック（98.2％）と比較すると大きく下回っている（日本財団パラリンピック研究会 2014）。さらに、同じく前述したように他のスポーツ組織・団体等とは大きく異なる特徴を持っているが、そのこともほとんど知られていない。したがって、現段階においてはスペシャルオリンピックスでのスポーツをもって知的障害者全体のスポーツとは言い難い。

　一方、近年では社会全体でスポーツ推進に関する環境整備が進められ、障害者スポーツも対象となっているが、成人障害者の過去1年間の週1日以上のスポーツ実施者は19.2％（笹川スポーツ財団 2016：19）となっている。国民一般のスポーツ実施が2016年で42.5％（スポーツ庁 2016：13）であるのに対して[1]、半分以下の状況である。また、特別支援学校卒業後にはスポーツの機会が十分でないことはこれまでにも指摘されている（後藤 1992：44；奥田 2007：162）。十分な調査データがあるわけではないが、知的障害のある人のスポーツ参加の割合は成人一般と比べて、さらには障害者の中でも低い可能性はある。このような状況下で、スペシャルオリンピックスの会員でスポーツに参加する約8千人について、知的障害者全体の中での位置づけを考えておく。

　厚生労働省が平成28年12月に実施した調査結果では、10歳から64歳までの在宅の療育手帳所持者は34.3万人となっており（厚生労働省社会・援護局障害保健福祉部 2018）、手帳保持は会員要件とはなっていないもののスペシャルオリン

ピックスの知的障害のある会員約8千人は全体の2.33％に相当する。多いとは
いえない数字ではあるが、国民一般、障害者一般と比べて十分でない実施状況
にある中で、会員となりスポーツを継続している人たちだといえる。また、ス
ペシャルオリンピックスは、基本的な考え方として競技力や勝敗によって参加
を制限することなく広がりと継続性を重視しており、このような継続的に参加
する意欲の高い人たちの要望に応えてきている。その点では、今後さらに拡大
していく可能性をより強くもっており、現在のアスリート約8千人は、背後に
いる多くの人たちを代表する先進層だといえる。そのため、直接的に「スペシャ
ルオリンピックス研究＝知的障害者スポーツ研究」とはならないものの、多く
の知的障害のある人たちにとってのスポーツを反映するものと考える。

　なお、知的障害者スポーツにおいて競技力による競争や公平なルールなどの
競技性を重視した取り組みもあることを付言しておく。一定程度の競技レベル
にある、競技力向上や勝利に意欲を持つ層の要求に応えているものである。そ
の一つである「パラリンピック」は4年ごとにオリンピックとともに開催され
ており前述の通りよく知られた存在である。身体障害のある選手が中心となっ
ているパラリンピックではあるが、1996年の米国・アトランタでのパラリン
ピック競技大会では陸上競技と水泳の一部種目において知的障害のある選手の
参加が初めて認められている（日本障害者スポーツ協会 2010：39）。また、1998
年に長野で開催された冬季競技大会では全日本育成会による選手選考により国
内から8名の選手が出場し健闘している。その後一時中断[2]してはいるものの
知的障害のある選手は現在でもパラリンピックに出場している。

　これとは別に「INAS（注：アイナス）[3]」という1980年代半ば以降に欧州を
中心に発足した知的障害者スポーツの団体もある。その特徴は競技性に着目し
たもので、日本国内でも展開されている。また、知的障害者スポーツの競技種
目別の組織、団体等として、日本知的障害者水泳連盟（1999年）、日本知的障
害者卓球連盟（1999年）、FIDバスケットボール連盟（1999年）、日本知的障害
者スポーツ連盟（2000年）などがある（日本障害者スポーツ協会 2010：53-64）。

　いずれも競技性を重視した大会、スポーツ組織であるが、パラリンピックは

ごく少数派によるものであり、競技別の団体も創設間もないということも含め公開されている会員数でみると100人程度であり[4]、知的障害者スポーツ全体に影響を与える動向、あるいは新たな全国組織というまでにはなっていない。したがって本研究では、付言として紹介するにとどめる。

注

1）なお、国民のスポーツ実施の増加について内海（2015：129, 172）は、その内容が「ウォーキング、体操（ラジオ体操、職場体操、美容体操、エアロビクス、縄跳び）、散歩（ぶらぶら歩き）、ジョギング、筋力トレーニング」といった個人でできる健康運動が大半を占めていることを指摘している。

2）2000年シドニーパラリンピック大会で、一部の健常選手が知的障がい者と偽って大会に参加したため、パラリンピック大会を含むIPC（＝国際パラリンピック委員会、International Paralympic Committee）公認大会には知的障がいのある選手の出場を保留することとなった。その後、2004年アテネパラリンピック大会では、知的障がいのある選手の競技は、Exhibition（公開競技）として、卓球、バスケットボールの2競技が実施された。2006年トリノ冬季パラリンピック大会では実施されず、2008年北京パラリンピック大会でも実施されなかった。陸上競技、水泳、卓球の3競技についてはクラス分け手順がIPCに承認され、2012年ロンドンパラリンピック大会ではこの3競技において知的障がいのある選手の種目が再導入された。リオ2016パラリンピック競技大会では陸上競技8種目、水泳8種目、卓球2種目が実施された（日本障がい者スポーツ協会　2019：43）。

3）INAS（アイナス）は、1985年にオランダの知的障害者スポーツの専門家によって設立され、翌年にはIPC（国際パラリンピック委員会）の前身であるICC（国際調整委員会）に加盟し、IPC設立時にはその構成団体の一つとなっている（井上　2012：40）。一方で、会長や事務局が変わり組織的には安定しているとは言い難い（井上　2013：24）といった指摘もある。なお、「INAS」は2019年に「Virtus」へと名称変更を行っている（日本パラリンピック委員会ホームページ https://www.jsad.or.jp/paralympic/jpc/　参照日2020-7）。

4）具体的に、「一般社団法人日本知的障がい者卓球連盟」の団体概況書では、会員数は150人とされている（同連盟団体概況書ホームページ http://jttf-fid.org/wp-content/themes/fid/images/dantai.pdf　参照日2019-3）。

創生期のスペシャルオリンピックスと
当時のスポーツ要求議論
──日本スペシャルオリンピック委員会の動向を中心に

本章では国内の知的障害者スポーツの創生期を取り上げる。特別支援学校や福祉施設の中で行われていたスポーツから全国大会へと広がり始めた時期に着目し、その展開過程で知的障害のある人たちのスポーツ要求はどのように捉えられてきたのかについて検討を行う。身体障害者スポーツを中心とした大会運営や組織化に対して遅れて出発したものとはなっているが、果たしてそれだけなのか、実際にどのような特徴があったのか明らかにする。

1　国内知的障害者スポーツの創生期

（1）創生期という位置

　知的障害者スポーツの記録は1960年代からみられ始めるが[1]、その中心は特別支援学校や障害児者福祉施設内での限定的なものであった[2]。加えて、知的障害者の戦後史についてまとめられた『精神薄弱者問題白書（1972年版）』では、戦後の教育、福祉、職業、民間運動、研究など各分野の振り返りがなされているが、スポーツについては特別支援学校での体育指導（大野 1972：153）の一点を除きとくに言及されていない。1973年に創刊された『障害者問題研究』でも、この時代は知的障害者スポーツにはとくに触れられていない。また、「1970（昭和45）年に身体障害者スポーツ大会に園生の参加を申し込んだところ、精神薄弱者は参加できないと断られた（渡辺 1980：41）」という記録も残っている。知的障害者スポーツは、社会全体でまだ十分に認識されていなかったといえる。

　このような状況のもと、1980年代前半から「日本スペシャルオリンピック委員会（JSOC、筆者注：現在のスペシャルオリンピックスの前身）」という民間組織が、寄付協賛金を募って、当時としてはほとんど前例のない知的障害のある人たちの全国的なスポーツ大会を実施している。自治体等による公的なものでは

なく、関係者が自主的に集まり、特別支援学校や障害児者福祉施設、あるいはその連合体等を越えた形で行われた初めての全国大会である。第1回大会は、1981年に神奈川県藤沢市で「第1回スペシャルオリンピック全国大会」として開催され、その後約10年の間に全国大会が7回行われている。

　この日本スペシャルオリンピック委員会（JSOC）による全国大会は、以下の記録のようにあとに続く「全国知的障害者スポーツ大会（ゆうあいぴっく）」につながるものとなる。

　　　「スペシャルオリンピック大会の名称で、地方や全国大会の開催が長年、民間団体の努力によってなされてきたが、国の精神薄弱者スポーツ開催事業に基づき、初めて国および地方自治体の全面的支援により『第1回ゆうあいぴっく（全国精神薄弱者スポーツ大会）』が東京都で11月（筆者注：1992年）開催された」（永倉　1993：139）

　さらに、「全国知的障害者スポーツ大会（ゆうあいぴっく）」は、現在も行われている全国障害者スポーツ大会へと続くことになる（髙山　2016：66）。したがって、一民間組織の限られた期間（1992年には解散）の活動ではあるものの、1980年代前半の日本スペシャルオリンピック委員会（JSOC）による全国大会は、わが国の知的障害者スポーツの歴史の中で重要な事象の一つに位置付けられる。

（2）遅れて出発した知的障害者スポーツ

　知的障害者スポーツに関しては、前節で述べたとおり1980年代以前は特別支援学校や障害児者福祉施設の中で行われる限定的なものであった。「全国知的障害者スポーツ大会（ゆうあいぴっく）」が開催されるのは1992年（第1回東京大会）からであり、全国身体障害者スポーツ大会（1965年に第1回大会開催）のおよそ30年後のことである。後になって原田（1991：159）は、次のように知的

障害者スポーツの普及振興の遅れに言及している。

　　「精神薄弱児・者のスポーツ振興と参加については国の予算措置と奨励
　施策はなく、わずかに1987（昭和62）年度から厚生省心身障害研究費の中
　で600万円の予算がつけられただけ」「1953（昭和28）年から厚生省社会局
　長通知でスポーツの普及振興、予算措置による奨励が図られてきた身体障
　害者のスポーツ振興施策に比べ30年の立ち遅れであり、障害者スポーツの
　振興＝即身体障害者のスポーツ施策の範囲内にとどまっていることは、誠
　に残念である」（原田　1991：160）

　1992年に開催された「全国知的障害者スポーツ大会（ゆうあいぴっく）」は公
的な事業であり、自治体等への影響もみられた。具体的には、「精神薄弱者ス
ポーツ開催事業が実現した。これを受け、各都道府県および指定都市も、スポー
ツ大会、スポーツの集いの開催等のスポーツの振興策と、精神薄弱者が積極的
に参加するための事業に対しての予算措置を打ち出したところが多い（永倉
1993：139）」というもので、この大会は国内の知的障害者スポーツが社会的な
取り組みとして位置付けられる出発点となっていたといえる。繰り返しになる
が、身体障害者スポーツと比べておよそ30年遅れて展開を始めたことになる。
なお、先に展開を始めた身体障害者スポーツとの相違を明らかにするために、
次節で身体障害者スポーツの創生期の概要をみていく。

（3）身体障害者スポーツの創生期

　序章でも触れたが、障害者スポーツはもともと戦後イギリスで脊髄損傷者へ
の医学的リハビリテーションにスポーツを取り入れたことが大きな起点となっ
ており、国内でもこの影響を受けながら1964年の東京オリンピックの際に行わ
れた身体障害者の国際的なスポーツ大会「第13回国際ストークマンデビル大会
[3]」が実施されている（髙橋明　2004：103；日本障害者スポーツ協会　2010：7,

38)。大会はその後の国内の障害者スポーツに影響を与え、それまで限定的に行われていた障害者スポーツがより積極的なものへと転換するきっかけとなっている。

田中（2013：22）はこの大会を「国内の初期のころの障害者スポーツにおいて重要な歴史的な出来事」と位置付け、「多くの人々の関わりと様々な政策的流れにより障害者スポーツの幕開けともいうべく『政策の窓』が開かれた」ことを指摘している。実際、このあとの動きをみてみると、「39年のオリンピック東京大会の直後には、外国選手約350名が参加して国際身体障害者スポーツ大会が開催される」「スポーツが身体障害者の自立更生に寄与するところ大であることにかんがみ、38年度から都道府県及び指定都市が主催する身体障害者体育大会の運営費について国庫補助が行なわれる」ことが示されている（厚生省 1963）。また、1963（昭和38）年には厚生省社会局長通知として都道府県・指定都市長宛てに身体障害者のスポーツ振興を積極的に進めること、そのためにスポーツ大会の運営費に対して予算補助を行うこと等の通知があり（障害者スポーツ協会 2010：7）、さらに1973（昭和48）年には厚生省社会局長厚生課長通知として「身体障害者スポーツの振興等について」などにより、身体障害者スポーツ協会が設立され各都道府県・指定都市単位の障害者スポーツ振興が促進されている（同協会 2010：3）。

以降の身体障害者スポーツは公的な支援がある中で発展することになり、1965年から「全国身体障害者スポーツ大会」が毎年開催されるようになり、さらに翌1966年からは身体障害者の健全な普及・振興を目的とした指導者の養成も行われている（同協会 2010：8-10，35）。

なお、このように厚生省に関する部分では言及があるものの、文部白書（著者注：前身の「わが国の文教施策も」含め）には、障害種別にかかわらず障害者スポーツの記載はみられない。障害者スポーツは、一般的な体育・スポーツの行政管轄とは異なっていたことになる。

2 スペシャルオリンピックスの展開過程

(1) アメリカで起こった社会的活動

　本章では、1980年代に民間組織として知的障害者の全国的なスポーツ大会を実施した「日本スペシャルオリンピック委員会（JSOC）」の動向を中心に検討する。ただし、それはもともと1960年代にアメリカで発祥したものである。その発端について鈴木（1981a：55）は、「スペシャルオリンピックが突然のごとく社会に自然発生的に生じたものでもなく、文化運動として続けられたものがアメリカに漠然と起こったものでもない。スペシャルオリンピックのムーブメントに達するまでには、それなりの活動があった」と、社会的な課題に応えた結果として創設された、と評している。

　具体的な動向として、知的障害児者の持つ諸問題を多方面にわたって検討するために、全米精神薄弱児協会（NARC）やアメリカ精神障害者協会（AAMD）といった全米組織や、これらを支持する専門家や関係組織団体の活動が1950年代にあった。その後、1961年にはジョンF.ケネディによる大統領専門委員会（The President's Panel on Mental Retardation）により「知的障害者への戦いに対する全米計画」と題した研究が行われ、さらに、1966年にはリンドンB.ジョンソン、ニクソンと続く大統領らによる専門委員会（The President's Committee on Mental Retardation = PCMR）が設置されている（筆者注：体育・スポーツ分野に限定した研究を行うための委員会ではない）（表1）。

　そこでの検討から、「精神薄弱（児）者に対する体育・スポーツ的処置がおろそかであったことの反省」に基づき、「精神薄弱に対する行政的な、また継続的な努力と公的私的機関の社会運動の展開により、スペシャルオリンピック創設の動き」が起きている（鈴木 同書：56）。鈴木が評したように、知的障害者スポーツの必要性が社会的に意識された中で展開してきたといえる。

表1 スペシャルオリンピックス創設前後の主な動向（アメリカ国内を中心に）

年次	主な内容
1950年代	全米精神薄弱児協会（NARC）やアメリカ精神障害者協会（AAMD）といった全米組織や専門家の「知的障害児者の持つ諸問題を多方面にわたって明確にする」活動
1961年	ジョンF.ケネディによる大統領専門委員会（The President's Panel on Mental Retardation）創設
1963年	ケネディ財団とAAHPER（American Alliance for Health, Physical Education, Recreation and Dance）が、知的障害者のための体力促進計画に協力し、その成果に賞を与える
1966年	リンドンB.ジョンソンによる大統領委員会（The President's Committee on Mental Retardation = PCMR）設置
1968年7月	シカゴのソルジャーフィールドで第1回国際スペシャルオリンピックス大会開催
1968年12月	エドワード・ケネディ上院議員がスペシャルオリンピックス法人の設立発表、全米の知的障害者組織が協力を約束、州ごとの受け入れ体制も強化され132の自治体がスペシャルオリンピックスを受け入れ、実際のプログラムに5万人の知的障害者が参加
1969年	全米を8地区に分けてスペシャルオリンピックス大会開催
1970年	全50州、コロンビア特別区、カナダにスペシャルオリンピックス組織と各州役員設置、全州でスペシャルオリンピックス大会開催、15万人の知的障害者と6万5千人のボランティアが参加
1970年3月	全米ホッケー連盟委員会が、国際スペシャルオリンピックスのフロアホッケーの後援を発表
1970年6月	（米国以外で初めてとなる）フランスで第1回大会が開催され550人の知的障害者が参加
1970年8月	第2回国際大会がシカゴで開催される、全米50州、コロンビア特別区、カナダ、フランス、プエルトリコから約2000人の知的障害者が参加
1971年12月	アメリカオリンピック委員会から、「オリンピック」の名称使用を公式に認められる
1972年8月	約2500人が参加して第3回国際大会開催（カリフォルニア大学）
1973年4月	ABCテレビがスポーツ番組（Wide World of Sports）でスペシャルオリンピックスを取り上げる

1974年7月	スペシャルオリンピックスに40万人の知的障害者が参加。さらに増加傾向
1975年8月	第4回国際大会開催（セントラルミシガン大学）、10か国から約3200人の知的障害者が参加、ABC・CBS・NBCテレビがスポーツ番組で放送、この大会を機に国際的に広がり始める。香港、バハマ、ホンジュラス、沖縄などに広がる。この年、夏・冬の4年ごとに国際スペシャルオリンピックス大会の開催が決定される
1977年2月	第1回冬季国際大会開催（コロラド・スティームボート・スプリングス）
1977年7月	スペシャルオリンピックスに70万人を超える知的障害者が参加、19か国に設立
1979年8月	第5回夏季国際大会開催（ニューヨーク州立大学）、全米全州および20か国以上から約3500人の選手が参加
1981年3月	冬季国際大会開催（バーモント州）
1983年8月	第6回夏季国際大会開催（ルイジアナ州立大学）、日本選手団132名が初参加
1985年3月	冬季国際大会開催（ユタ・パークシティ）日本選手団8名が冬季大会に初参加
1988年2月	国際オリンピック委員会（IOC）と「オリンピック」の名称使用の合意

遠藤（2004）、鈴木（1981a）、鈴木（1981b：6-11）、鈴木（1985：53-65）をもとに作表

　なお、このような潮流の中、実際にアメリカでの国際大会の実施と同組織の国際的な拡大に貢献したのはトロント大学（カナダ）のフランク・ヘイドン博士（Dr. Frank Hayden）[4]である。イリノイ大学大学院（アメリカ）で運動生理学と心理学を修めたヘイドン博士は、知的障害児者の身体的特徴や課題とともに彼らへのスポーツ導入の可能性を研究し、具現化させている。その特徴は、オリンピックの精神のもと、ルールは厳しく、競い合い、同時に参加してよかったと思えるもの、というものである。加えて、障害程度ではなく同等の競技レベルの選手で構成する「ディビジョニング（詳細は序章注6）」という考え方も導入され、日本での展開も含め後に続く（表1）基盤となっている。

（2）国内への導入と日本スペシャルオリンピック委員会（JSOC）の展開

　1980年代に入ると国内でも知的障害者スポーツに関する報告がみられ始め、中でも日本スペシャルオリンピック委員会（JSOC）の記述が散見[5]されるようになる。同委員会の取り組みにより国内の知的障害者スポーツの組織的な展開が始まった時期である。また、福岡県精神薄弱者愛護協会長であった渡辺は、1980年5月にアメリカハワイでのスペシャルオリンピックス大会に施設の園生とともに選手団65名で参加し、知的障害者のための充実した大会に感激し、「日本で、九州で開催されることを念願（渡辺 1980：40-43）」する旨を記している。

　国内展開に至る大きなきっかけは、当時ダウン症児に療育訓練、運動訓練を取り入れていた聖ミカエル学院（鎌倉市）の理事長山本貞彰氏が、米国の大統領委員会（The President's Committee on Mental Retardation）の招きで米国内で講演、およびユニス・ケネディ・シュライバー氏（著者注：スペシャルオリンピックス財団会長）と会談したことにある。その際、「先進国中で日本だけが未組織、未加盟」であることを指摘され、日本国内のオーガナイザーとして委任され日本国内への導入、展開が始まることになる（芳我 1983：56）。

　聖ミカエル学院トレイナブルスクール"ダウン症児早期療育訓練施設"施設長であり、日本スペシャルオリンピック委員会（JSOC）事務局長、企画委員長でもあった芳我衛氏は、国内への導入に際し「精神薄弱児者が自分のもっている発達水準（段階）を起点に体育訓練を始め、一歩でも次の水準に進み、その水準で競技するということであり、またその努力と健闘に対して、全員がそれを称揚される（芳我 1981：13-14）」と原則的な考え方を述べている。同様に、アメリカでの活動を研究し、国内展開に貢献した鈴木（1981a：66）は「個人が持っている可能性と潜在能力を最大限に引き出すことを先ず考えていかなければならない」「心理的、身体的、社会的な発達を精神薄弱（児）者に与えるスペシャルオリンピックのプログラムには、大きな役割と使命がある」と、日本スペシャルオリンピック委員会（JSOC）によるスポーツの基本方針と意義を

示している。

　また、芳我氏は知的障害者の一般的な運動会はすでに各地で行われていることを認識した上で、同委員会での日常的プログラムと競技プログラムをそれぞれ次のように分けている。日常的プログラムについては、「精神薄弱者の身体的、心理的発達促進と、社会適応性向上を意図したプログラム」、もう一方の競技プログラムについては、「日常の運動訓練で到達した成果を発表し、成長と勇気をたたえ、喜び合う」「所定のルールに従って、一般の競技大会と同じ形態がとられる」というものである（芳我　1981：16）。そしてこれらは多くのボランティアによって支えられることが理想だとしている。

　さらに、「スペシャルオリンピック運動は、民間主導型を伝統するワールドオリンピックと同様の考え方のもとに社会運動として推進されている」という認識を示し（芳我　1983：56-59）、30億円の基金を集めるために財団法人日本スペシャルオリンピック協会設立に向けた動きもみられた。

（3）日本スペシャルオリンピック委員会（JSOC）によるスポーツ大会の実際

　この日本スペシャルオリンピック委員会（JSOC）による第1回大会は、1981年に神奈川県藤沢市で「第1回スペシャルオリンピック全国大会」として開催されている。大会は、「各自の到達度を発表し合う機会を提供（鈴木　1981a：62）」という趣旨で開催され、選手一人ひとりがどれだけがんばったかを発表する場・機会と位置付けられていた。

　同時に、運営については前節（2）の競技プログラムで示したように、ルールに従った一般の競技大会と同じ形態が意識されたものとなっている。たとえば同大会の「競技要項（総合）」には、「引率者であっても任命された者でなければ競技場内に立ち入ることができない」「競技場内に立入り応援は禁止」「引率者が伴走をしてはならない」（第1回JSO全国大会実行委員会　1981：18）と明記されている。知的障害のある人たちの大会であっても、ルールは厳しく競い合い、という創設時からの基本的な考えが反映されている。

第1回大会では、陸上トラック競技、フィールド競技、サッカー、バスケットボール、体操、フリスビーディスク[6]の競技と、水泳、新体操、バレーボールのデモンストレーションが行われ、全国から集まった選手は共通のルールのもとで競技に参加している。参加者は、27の都道府県と大韓民国からの11名を合わせて838人（デモンストレーションには78名）と引率者751人による選手団であった（芳我 1981：17）。

　なお、この全国大会への参加は特別支援学校や障害児者福祉施設単位を中心としたものであった。当時、地域社会での日常的なスポーツを推進するための活動や拠点等はまだ未整備であり、学校や福祉施設においてスポーツトレーニングを重ね、その上で同委員会（JSOC）による全国大会に参加していたためである。一方、この状況が限定的なものになっていることはこのときすでに認識されており、「今後の大きな課題となるのは在宅者対策であろう（日本スペシャルオリンピック委員会 1983c：64）」と、地域社会の知的障害児者の課題が示されている。

　また、この第1回大会には選手団のほかにボランティア約1,800人と300名近い大会役員、競技役員が参加している（芳我 1981：17）。まだ「スポーツボランティア」などという概念がなかった時代である。第2回の全国大会にも6千人を超えるボランティア（一般：5,345、楽団：514、競技：632、2日間延べ約13,000人）が参加している（日本スペシャルオリンピック委員会 1983a：66）。ここにも民間活動ではあるが、さまざまな社会的取り組みがあったことをうかがわせる事実がある。

　発足時を含め、日本スペシャルオリンピックス委員会（JSOC）の主な動向を表2で示す。

表2　日本スペシャルオリンピック委員会（JSOC）の主な動向

年次	主な内容
1979年8月	聖ミカエル学院（鎌倉市）の理事長山本貞彰氏が米国の大統領委員会（The President's Committee on Mental Retardation）の招きで講演、ユニス・ケネディ・シュライバー氏（スペシャルオリンピックス財団会長）と会談、先進国中で日本だけが未組織、未加盟であることを指

	摘され、日本国内のオーガナイザーとして委任される
1980年4月	日本スペシャルオリンピック委員会発足（JSOC、本部：鎌倉市）。5月には国際委員会に加盟認定される、42か国目
1980年9月	九州地区委員会設立
1980年11月	日本スペシャルオリンピック九州地区大会（福岡）実施
1981年5月	同第2回大会（長崎）、6月大分県大会、7月青森県大会実施
1981年9月	大阪地区委員会発足
1981年10月	第1回日本スペシャルオリンピック全国大会（神奈川、藤沢市）選手約850名参加
1982年5月	第1回大阪地区大会実施
1982年6月	第3回九州地区大会（沖縄）実施。日米合同関東地区大会（東京・横田）実施
1982年11月	第2回日本スペシャルオリンピック全国大会（東京・駒沢、三鷹）選手約1800名参加
1982年11月	静岡県、秋田県、神奈川県の各委員会発足
1983年3月	東京地区委員会発足
1983年6月	日米合同関東地区大会（東京・横田）実施
1983年7月	第6回国際スペシャルオリンピックス夏季大会（ルイジアナ・バトンルージュ）日本選手団約150名が初参加
1983年10月	第3回日本スペシャルオリンピック全国大会（大阪、長居）選手約2000名参加
1986年6月	第4回全国大会（東京、駒沢、渋谷）選手約2800名参加
1987年10月	第5回日本スペシャルオリンピック全国大会（大阪、長居）選手約3500名参加
1990年6月	第6回日本スペシャルオリンピック全国大会（東京駒沢、渋谷他）選手約3000名参加
1991年10月	第7回日本スペシャルオリンピック全国大会（大阪、長居他）選手約2500名参加
1992年5月	日本スペシャルオリンピック委員会（JSOC）解散

遠藤（2004）、芳我（1983：56）、第5回日本スペシャルオリンピック東京地区大会実行委員会（1988）、第6回精神薄弱者スポーツ全国大会実行委員会（1990）、鈴木（1981a・b）をもとに作表

(4) 小括：創生期における日本スペシャルオリンピック委員会（JSOC）の意義

　本章前半で述べたとおり、国内の障害者スポーツは身体障害者のものが先行して展開され、国施策による全国大会の実施や自治体での振興策推進といった動きがみられた。これに対して、知的障害者スポーツが社会的に取り組まれるようになるのは30年ほど後になってからのことで、本章1（3）の田中の言葉を借りるならば、その間は「政策の窓が開かれていない」状況にあったといえる。さらに、当時の社会的認識の実態は、「知らない人の方が多い」「パラリンピックと間違えるぐらいはまだまし」「比較する材料すらない」（芳我 1981：15）といったものであった。

　そんな中、アメリカで創設された活動をもとに「日本スペシャルオリンピック委員会（JSOC）」による知的障害者スポーツの全国大会が1980年代前半から開催されている。知的障害者に限ったものではないが、全国的なスポーツ大会を開催するということは、特別支援学校や福祉施設、自治体等を越えてスポーツ概念を共有するということであり、大きな意味を持つ。当然のことではあるが、単一の学校内、施設内で行っていればローカルルールを用いた実践は可能であるが、それを越えたスポーツ大会となるとルールの共通化は避けられない。たとえ競技者に知的障害があったとしても、である。同委員会（JSOC）による全国大会は、それまで一般的ではなかった知的障害者スポーツへの共通した競技ルールの適用を導入した先駆的なものだったといえる。また、「障害者スポーツ大会などは、障害者だけでなく、障害者をとり巻く周囲の様々な環境にも影響する（中川 1995：57）」という言説のように、同委員会（JSOC）による全国大会は関係者だけでなく社会全体に知的障害者スポーツの可能性を示すことにつながったものと考える。詳細な内容を明らかにすることは今後の課題であるが、多数のボランティアが参加していることなどを含め、周囲の環境に影響したことは確かである。

　一方、日本スペシャルオリンピック委員会（JSOC）の展開に際しては、身

体障害者スポーツと比べて遅れがあることを意識し、それに追いつくことを目指していたわけではなかったということも特徴的である。加えて、アメリカで創設されたものをそのまま国内で具体化しようとしていたわけでもない。したがって、政策の窓が開かれていない中で、身体障害者スポーツを単に追従するのでもなく、かつ、アメリカのものをそのまま持ち込むのでもないあり方を自主的に探る議論がなされていることに注目したい。これについては、次節以降で詳しくみていくことにする。

　こうした点をふまえ、この創生期はその後への重要な布石となっていたことは押さえておきたい。実際、このあと日本スペシャルオリンピック委員会（JSOC）による全国大会は、全国知的障害者スポーツ大会（ゆうあいぴっく）につながり（１（１））、さらに三障害が統合された現在の全国障害者スポーツ大会へと続くことになる。井上（2011：47）は、全国知的障害者スポーツ大会（ゆうあいぴっく）について「行政主導の開催は、善し悪しは別として、如何に盛大に一挙に集うかが明白な事実」と、それまでの民間組織である同委員会（JSOC）による大会との違いを指摘している。このような経緯を鑑みれば、先進的過ぎるとも受け取れる日本スペシャルオリンピック委員会（JSOC）による諸活動は、結果的に、わが国の知的障害者スポーツの発展に大きく寄与したものといえる。

3　創生期のスポーツ要求をめぐる議論

（１）検討目的：JSOC関係者の座談会によるスポーツ要求の議論の検討

　ここまでは知的障害者スポーツの創生期の位置付け、および米国でのスペシャルオリンピックスの創設から日本国内への導入に関してみてきた。そのうえで、以下では日本スペシャルオリンピック委員会（JSOC）による全国的な

スポーツ大会への参加に関する関係者の議論動向に着目する。

　章の冒頭で述べたとおり、知的障害者スポーツの記録は自治体や特別支援学校、障害児者福祉施設などで実践を行った事実が残っており、少ないながらも当時の歴史を確認することができる。しかし、特別支援学校や障害児者福祉施設を超えたスポーツ大会への参加について、知的障害のある当事者、あるいは周囲の関係者のスポーツ要求がどのようなものであったのかという実践や議論はほとんどみられない。

　ここでは、こうした中で知的障害のある人たちのスポーツ要求について議論した貴重な資料に着目し、同委員会（JSOC）による全国的なスポーツ大会の展開の経緯と意義をあらためて検討する。

（2）検討対象と分析方法

　日本スペシャルオリンピック委員会（JSOC）による全国大会は1980年代前半（前掲表2）から行われ、全国の特別支援学校等から多くの児童生徒が選手として出場している。一方、児童生徒のスポーツ指導に直接的に携わっていた特別支援学校の教職員から当時の状況を聞き取ることは今となっては難しい。このような中で、同委員会（JSOC）に関する出版物の企画として行われた特別支援学校教諭による座談会の記録が残っている。当時を語る貴重な資料である。本研究ではこれを中心に分析を行う。

　具体的には、1983年4月に出版された『スペシャルオリンピック6』（ベースボールマガジン　1983：18-25）での神奈川県内の特別支援学校の17名の教職員と出版社からの1名の司会者による座談会、および同年7月出版の『スペシャルオリンピック7』（ベースボールマガジン　1983：54-63）での東京都内の特別支援学校の教職員5名と1名の司会者による座談会の内容を対象とする。いずれも同委員会（JSOC）による2回の全国大会に参加したことへの関係教職員の率直な想い、評価が語られている。ここでの発言内容について、修正版グラウンデッド・セオリー・アプローチ（M-GTA）を用いて、教職員による知的障害

者スポーツ大会への参加とスポーツ要求に関する議論を分析する。

　修正版グラウンデッド・セオリー・アプローチ（M-GTA）による分析は、社会的相互作用に関係し人間行動の説明と予測に優れており（木下　2003：89-91）、とくに人間を対象にある“うごき”を説明する理論の生成に適している（木下　2007：67）。そのため、知的障害者のスポーツ要求を含めた教職員の意識動向とともに、知的障害者スポーツの展開過程を検討しようとする本研究に用いることは有効だと考える。

　分析に際しては、①特別支援学校で体育・スポーツ指導に携わり、かつ、ここで取り扱う日本スペシャルオリンピック委員会（JSOC）による全国大会への出場に関係した教職員を分析焦点者とする。また、分析テーマを「学校の枠を超えた全国大会に対する認識のプロセス」とする。そのうえで、②教職員の発言記録を何度も読み返し、③分析テーマに関係のある個所から、概念名、定義、具体例、理論的メモで構成される分析シートを作成し（表3）、概念生成を行った。さらに、④上位カテゴリーの生成と相互の関係から、⑤プロセスの検討を行った。

　なお、修正版グラウンデッド・セオリー・アプローチ（M-GTA）について木下（2003：48）は、「質的研究は科学的ではない、客観的な分析ではない、恣意的解釈の可能性があり信頼できない、といった質的研究に対する批判的立場」があることを認識した上で、「比較的限られた現実場面を対象とし、そこに登場する人間も実際には限られ（木下　2016：7）」たもので、「限定された範囲内において一般化し得る知識（グラウンデッド・セオリー）の生成を目的とする（M-GTA研究会　2019）」とその特徴を述べている。本研究ではこのことも意識して用いる。

　以上の分析により、アメリカで創設された活動を日本スペシャルオリンピック委員会（JSOC）が国内展開した際の意義、特徴を検討する。加えて、創生期の知的障害のある人たちのスポーツ要求についても検討を行う。

表3　分析シートの例（概念、スポーツ指導に携わる教職員の「対外的なスポーツ要求」）

概念名	対外的なスポーツ要求
定　義	特別支援学校の中だけで行われる知的障害者スポーツ
具体例	1．練習をしていながらも相手が無い 2．どの位の水準にあるのか判からなかったのですが 3．3年前から部活動放課後のサッカーの練習を母胎として、陸上部とサッカー部が発足致しました。さて部としては設立したが発表の場がありません 4．ウチの学校も校内だけしかゲームが出来なかった。対外的なものは何もありませんでした 5．とにかく大きな催物は少ないのですね。特に運動の関係はあまりありませんね。ですから横浜市だとか神奈川県で対外的な試合の場を是非持って頂きたいと思います 6．こういう機会は全く身近にふれていない同世代の人たちと競技に参加できるのは有益だと思います 7．試合を行ったことはあるけれども、その他対外的なゲームを行う場がない 8．ウチの生徒は電車とバスで駒沢へ乗りこんだのですね。そういった学校から離れて大きい大会に臨むということは全然無かったのですよ。かなり感動したことがありました
理論的メモ	もともと学校内だけでのスポーツに問題意識を持っていた。 対外試合という（知的障害のある、なしにかかわらず）スポーツにおいて当然の意識（スポーツ要求）が特別支援学校の教職員にあった。JSOC全国大会を対外的なスポーツの機会として評価。

（3）本検討における知的障害者スポーツの枠組み・範囲

　序章（3（3））でも述べたが、厳密には学校教育の中での「体育」とそれに限らない「スポーツ」を分ける考え方はある。しかし、本章が対象とする1980年代前半の特別支援学校・学級、あるいは社会全体では知的障害者スポーツについて両者を明確に区分していたとは考えにくい。実際、教職員たちの発言の中で、言葉の定義を意識している部分は見当たらない。そのため、本検討

では、この両者を分けることなく、「スポーツ」として扱うものとする。なお、教員の具体的発言については原文のまま用い、記載する。

4 結果と考察

　本来なら結果と考察を分けるべきではあるが、考察部分で結果の重複表記になることを避けるため、ここでは結果を示しつつ、若干の評価・考察も同時に述べる。そのうえで、最後に全体のまとめとして総合考察を述べる。

（1）結果の概要

　1980年代前半、日本スペシャルオリンピック委員会（JSOC）による全国的な知的障害者スポーツ大会への参加に際して、特別支援学校でスポーツ指導に携わる教諭たちの発言を分析したところ、18の概念が生成された。また、上位カテゴリーとして、「担当教員の基本的意識」「全国大会へのニーズ」「消極的な周囲」「全国大会の意義」「大会後の周囲の意識変化」「今後の展開に向けた提案」を生成した（表4）。

表4　特別支援学校教諭による座談会記録のM-GTA分析結果

カテゴリー	概念	定義	具体例
担当教員の基本的意識	特別視しないスポーツ指導	スポーツ指導に対する「特別扱いしない」という担当教職員の意識	・ボクたちの指導方法は精薄児だと意識しての指導はしていないつもり ・大きな大会だからとか体協がバックアップしているからとか、これを中心にしていこうといった日常訓練といった考えはもたない ・メダルとは、毎日毎日、今までやって来た練習の一つの成果であって、それが大きな目的ではないということだと思います

	特別支援学校特有のスポーツ目的	特別支援学校特有の競技性とは異なるスポーツの目的	・本校の場合は部を作った動機っていうのは、体力づくりとはまた別の意味がありました ・就職を希望する生徒がいますね。そうすると体力と気力が必要だし
	知的障害児のスポーツへの可能性	日々の実践で担当教職員が感じるスポーツへの可能性	・繰り返し一つのことを体験させれば、子供たちが伸びていくのが判る ・1年間ふりかえってみますと、あの子があんなによく泳げるようになったものだという感を抱いたり ・障害の重い子が、どうかなあと危ぶんでいたのに、水が好きで自分から入ってきた
全国大会へのニーズ	対外的なスポーツ要求	特別支援学校の中だけで行われる知的障害者スポーツ	・練習をしていながらも相手が無い ・校内だけしかゲームが出来なかった ・対外的なものは何もありませんでした
	「楽しみ」としての大会参加	「参加の楽しみ」を目的とした、全国大会への参加動機	・せっかくの機会だから、お祭りでということで、楽しませよう、刺激を与えようというような考え ・私どもは日頃のプログラムを大事にしているので大会の趣旨に賛同した
	「成果発表」としての大会参加	「日頃の成果発表」を目的とした、全国大会への参加動機	・日々練習をやっていて、その中で部としての厳しさの発表の場としてとらえています ・高い子（知能の）については、目標に向かって、いわゆる日頃の練習の発表の場
消極的な周囲	スポーツに消極的な教職員	児童・生徒が全国大会に参加することに消極的な教職員	・障害的には重い子たちが多いのですが、その中で出場するに当って職員の間にも反対があり ・やはりムードとして高等部の職員全員が取り組んだとは感じられない ・無理だから辞めちゃおうとかね。一人ひとりにまだ浸透していない

	スポーツに消極的な保護者	知的障害がある自分の子どもが全国大会に参加することへの保護者の消極的態度	・新聞に顔がのるのではないか、テレビに写るのではないかといった心配で、相当の間渋っていました ・(大会参加は)親の方からウチの子を…というのは一人もなく、皆、こちらから押しつけたような形 ・どうしても理解が得られなかった、スペシャルオリンピックそのものがまだ理解されていなかったのです
全国大会の意義	全国大会が当事者に与えた感動	スペシャルオリンピック全国大会に参加した当事者のようす	・(小さな入賞メダルをもらったダウン症の女の子が)入賞メダルでなくても素直に喜んでいる ・共通しているのは会場の大きさにびっくりしたとか、メダルが素晴しかったと ・メダルをもらったときの喜び、苦しいながらもゴールのテープを切った時の感動をうまく(感想文に)書いている ・今まで、澱んでいたような状態の中で、あのような大会に出てがんばったのだという気持ちがあり、支えができ
	社会的理解の促進	学校の枠を超えた全国的なスポーツ大会が周囲に示した効果	・大会そのものへの理解もないし、イメージもとらえられてなかった ・視覚にうったえなければ親としても協力しづらいことがあるのだと思う ・あの全国大会のような規模のものに出すことは、何よりの教材だと思っています。しかも我々教員がつくる教材ではなくて、大きな構成、大きな規模によってつくられるもの ・百聞は一見にしかずの要素があって、感動も深まり理解も得られた
	大会が持つリアリティの感動	全国大会のリアル感の意義に対するあらたな気づき	・普段我々が使っているグラウンドではなくて、競技場を使い、テレビで自分たちが第三者的にしか見ていなかったところに出るということでも子供たちにとって感動が大きい

			・感動したのは（途中略）、スペシャルオリンピックの場合は競技団体が運営し ・大会は競技会形式で役員たちの服装も整えさせ、初めはムダなことをとも思いましたが、競技会場でみると成程、これも一理あるなと
大会後の周囲の意識変化	全国大会に対する教職員の好反応	消極的だった教職員の、全国大会を見た後の好反応	・後で職員間の話しの中ですが、もっと生徒を出せばよかったね、といったものでした ・終わった後の教員の反応は非常に高くて、最初はまだまだ機、熟せずという感じでした
	全国大会に対する保護者の高い評価	消極的だった保護者の、全国大会に参加した子どもを見た後の高い評価	・参加選手の親は大会の大きな意義を認めて、何故今までこのようなものがなかったのだろうか、という声も出ています ・第2回（大会）の時には何の抵抗もなく子供があれ程喜んだのだし、生き生きしているのだから親の方は何もいうことはありませんということで、初めとは変わった ・（子どもがメダルをもらって）お母さんたちが喜んでしまって、出る前のいろんな心配もとんで。また出たいわなんていっていました。親の理解を得たと思っています。
	教職員が気づいた当事者の潜在能力	教職員があらたに気づいた当事者の競争心	・生徒の中には結構闘争心を持ったのもいる ・学校の練習時よりも高い競争心が見受けられたので、私もびっくりしました
	保護者が気づいた当事者の潜在能力	保護者が初めて知った当事者のスポーツ能力	・お母さん方の中にもウチの子にこんな一面があったなんて初めて知りましたとか ・親御さんたちも自分の子供が金や銀を頂くなんて想像していない

今後の展開に向けた提案	参加と競技性の両面の必要性	今後の知的障害者スポーツのあり方として参加と競技性を両立させていくことの必要性の議論	・今、普通のオリンピックが批判を受けているような状況になってしまった過程などをみると、このスペシャルオリンピックもそのようにならないでほしいなあという願望がある ・智恵の遅れた子が参加するなら全員が参加する。そして競技会性でやるならば、その制度をもっと充実させる ・両面がある大会、どちらも生かされるような大会の要素があってよいのではないかと思う ・本物らしさと親しみ易さというものをどうやって出していくのかというのが当面の課題
	当事者のスポーツ要求への眼差し	知的障害者スポーツのあり方の議論において、当事者のスポーツ要求を中心に置くことの再確認	・子供たちのことから出発していかなければならないのではないかと思います ・スペシャルオリンピックも大事に育てていかなければ、つまり反対意見も十分聴きながらですね。子供中心になって ・重度の子の親から、とにかく一人でゴールまで走れないような者にも参加できるゲームがあったらというような提案はありました
	量的拡大という優先課題	知的障害者スポーツの今後に向け、まずは周知・拡大を優先するという視点	・とにかく早いうちから整理しないように。それよりもある時期は宣伝期間ということで、その役目を重視しないと ・地域地域で日常の訓練のプログラムとその実際が出来るようになれば、続いていくのではないかと思います。ただ、現在は学校、施設などを対象にしているので、その中で実際に分かれていて大変 ・スペシャルオリンピックについては、知らない人が多い ・どうやってまず学校や父兄に知らせたらよいか。大会の時、聖火を担当したので学校でPRし、セレモニーだけでも感激した人たちもいましたが、もう少し基盤のあるところをPRしなければ

（2）ストーリーラインとカテゴリー・概念の関係図

　日本スペシャルオリンピック委員会（JSOC）による全国大会への出場に関係した教職員による、「学校の枠を超えた全国大会に対する認識のプロセス」の分析結果のストーリーラインを以下に示す。その際、生成した概念を【　】で、上位カテゴリーを＜＞で、それぞれの関係を図1で表す。

　特別支援学校でスポーツ指導に携わる＜担当教員の基本的意識＞として、【特別視しないスポーツ指導】の他、スポーツに対する【特別支援学校特有のスポーツ目的】や【知的障害児のスポーツへの可能性】というものがあった。そのうえで、【対外的なスポーツ要求】【「楽しみ」としての大会参加】【「成果発表」としての大会参加】という＜全国大会へのニーズ＞となっている。

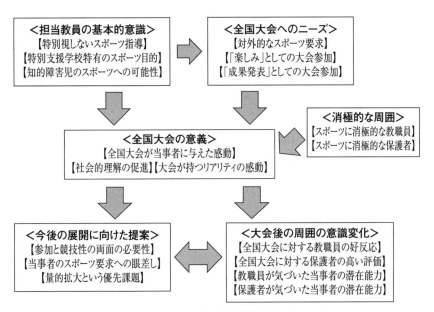

図1　概念の関係図

また、当初の【スポーツに消極的な教職員】や【スポーツに消極的な保護者】という＜消極的な周囲＞は、実際に児童生徒、あるいは自分の子どもの【全国大会が当事者に与えた感動】を身近で実感すると、＜大会後の周囲の意識変化＞として表れることになる。

　スポーツ担当教職員もあらためて学校の枠を超えたスポーツ大会による【社会的理解の促進】や【大会が持つリアリティの感動】といった＜全国大会の意義＞を認識し、【参加と競技性の両面の必要性】【当事者のスポーツ要求への眼差し】【量的拡大という優先課題】といった＜今後の展開に向けた提案＞に言及している。

（3）カテゴリー＜担当教員の基本的意識＞

　カテゴリー＜担当教員の基本的意識＞では、当時の特別支援学校の教職員が、スポーツをどのようにとらえていたかが示されている。生成された概念【特別視しないスポーツ指導】の具体例である「精薄児だと意識しての指導はしていないつもり」、あるいは概念【知的障害児のスポーツへの可能性】の「繰り返し一つのことを体験させれば、子供たちが伸びていくのが判る」などからは、スポーツ指導に携わる教職員が児童生徒の障害や社会的な評価などとは関係なく前向きに、注意深く観察しながら取り組んでいたことが確認できる。

　併せて、このようなカテゴリーや概念が生成された背景には、知的障害のある児童生徒の生活、教育、療育[7]を身近に感じていた教諭や施設職員による「知的障害児者にもスポーツを」という想いがあったものと推察する。特別支援学校では、日本スペシャルオリンピック委員会（JSOC）の活動が展開される少し前の1971年に「特殊学校小・中学校指導要領」が初めて告示され、「養護・訓練」という新領域の設置により体育的役割の重要性が認識されるようになり（熨斗 1979：13）、その後の1979年の特別支援学校義務化によりほとんどの知的障害児が就学することになる。必然的に教育関係者がその実践を担うことになり、当事者のスポーツ要求として受けとめたものがこのように表出してきたと

考える。

　一方で、概念【特別支援学校特有のスポーツ目的】が生成されたように、そもそも当時の知的障害者スポーツには競技性や余暇を意識した現代的な楽しみ、位置付けとは異なる側面があった。具体的には、「社会に出て8時間労働に耐えるには体力をつけることが第一とされ、そのためスポーツ活動が教育の現場において重要な役割を担っていた（箕輪 1998：161）」というようなものである。また、知的障害児者福祉施設でも同様の傾向がみられ、指導計画に身体活動やスポーツの記載がみられるものの、その視点は「作業訓練以前の健康な体力づくり（小西 1971：8）」や「機能的な発達（亀井 1971：11）」というものであった。本研究で同様の概念が生成されたということは、特別支援学校でスポーツ指導を担当する教員が、知的障害のある児童生徒のスポーツの目的の一つをこのようにも捉えていた可能性はある。

　担当教員の基本的意識としては、知的障害のある児童生徒のスポーツを特別視せずに、かつ、可能性を感じながら関わり、一方で、卒業後の実際の生活を見通した身体活動・訓練という目的も併せ持っていた、ということになる。

（4）カテゴリー＜全国大会へのニーズ＞＜消極的な周囲＞

　日本スペシャルオリンピック委員会（JSOC）による全国大会への参加に関しては、【対外的なスポーツ要求】という概念が生成されている。前節の知的障害のある児童生徒であったとしても特別な扱いはしない（概念【特別視しないスポーツ指導】）ことの次の段階ととらえられるが、スポーツという活動の性格上、対外的な機会を求める教員の意識は自然なものだといえる。スポーツ指導の担当教員は、スポーツが特別支援学校の中だけで行われていることを日頃から気にしていたと考えられる。

　その中で、日本スペシャルオリンピック委員会（JSOC）の全国大会に参加することになるが、その目的として【「楽しみ」としての大会参加】と【「成果発表」としての大会参加】という二つの概念が生成されている。このような考

え方は一般的なスポーツでもみられるもので、対外的な要求と同様に活動の特性として表れてきたものである。背景には、やはり担当教員の【特別視しないスポーツ指導】があったものと考える。また、これら二つの参加目的はスペシャルオリンピックス創設に携わった一人のフランク・ヘイドン博士の「ルールは厳しく、競い合い、同時に参加してよかったと思えるもの（本章2（1））」、あるいは、国内導入の際に示された「日常の運動訓練で到達した成果を発表し、成長と勇気をたたえ、喜び合う」「所定のルールに従って、一般の競技大会と同じ形態（本章2（2））」という考え方に対応している。知的障害のある人たちにとってのスポーツは特別なものではない、という立場に立って基本方針が作られたものと推察する。

　一方で、概念【スポーツに消極的な教職員】【スポーツに消極的な保護者】が生成されている。スポーツ指導に携わる教職員の意識とは対照的に、当時の社会には知的障害のある人たちがスポーツを行うことに消極的、否定的なとらえ方があったことが明らかとなった。

　国内初の知的障害児者福祉施設「滝乃川学園」[8]施設長であった花房丞次氏は知的障害者スポーツの記録を残すことについて、「記録を主軸とする競技そのものが、個人差、施設格差をあからさまにし、参加することの意義は美名に過ぎない」という周囲の意識を紹介しつつ、「個人記録を重視する競技が参加を断念する原因となったことに大いに考えさせられた（花房 1982：38-39）」と、知的障害者スポーツを展開していくことの難しさに言及している。加えて、「人前で競争させることなど、とんでもないことだと主張する人が意外と多い（芳我 1981：16）」といった記録からは、知的障害者スポーツに対するとらえ方と、それを意識せざるを得ない複雑な状況があったこともうかがえる。さらに、第1回大会時には、「精神薄弱者のための団体は特殊教育、愛護協会、育成会と大きく3団体あるが、積極的な支援を得られていない（芳我 同書：16）」といったことも報告されている。

　総じて、知的障害のある人たちが競技スポーツを行うことなど社会全体は想定しておらず、当事者、関係者の意識としてはその効果や意義を考える以前の

段階にあったものといえる。

　なお、当時（昭和50年代以降）は、障害児者福祉の法整備とともに障害児者の家族の会などが障害別に次々と生まれ（真田 2003：67）、教育・研究者、施設職員等を中心とした全障研、障全協による権利保障要求としての障害者運動が展開（杉本 2008：109）され始めていた時期である。しかしながら、それらの展開において知的障害のある人たちのスポーツ要求への言及やスポーツ権を求めるための当事者運動があったという記録は見当たらない。

（5）カテゴリー＜大会後の周囲の意識変化＞＜全国大会の社会的意義＞

　日本スペシャルオリンピック委員会（JSOC）による全国大会に出場したあとは、教職員、保護者ともに意識が変容しており、概念【全国大会に対する教職員の好反応】【全国大会に対する保護者の高い評価】を生成している。当然ながらこれは概念【全国大会が当事者に与えた感動】で示されるように、知的障害のある児童生徒、あるいは自分の子どもが本格的な会場やメダルに感動していることに気が付いたからに他ならない。同時に、児童生徒や保護者の感動する姿を見て知的障害児者にとってのスポーツの可能性や必要性を再認識したことが背景にあるものと考える。

　また、大会に参加した知的障害のある児童生徒や教職員、保護者は、競技会場や審判員のユニフォーム、表彰式、メダルなど、一般的なスポーツ大会では当然のようにあるものを評価しており、そこから【大会が持つリアリティの感動】を生成している。それらは自分たちとは別の存在、関係のないものと受けとめていた可能性はある。先に述べたとおり（4（3））、知的障害者スポーツの目的や位置付けは多様ではあるが、類似の諸活動に対する社会的な認識のように特別支援教育や社会福祉、療育の一部としてとらえられ、スポーツに係るリアリティなど意識されていなかったことは否定できない。

　さらに、児童生徒たちのスポーツに対する新たな一面（競技性）をとらえ、【教職員が気づいた当事者の潜在能力】と【保護者が気づいた当事者の潜在能力】

という概念を生成している。しかし、これは大会に参加したことで特別な能力が発揮されたということではなく、はじめから当事者が潜在的に持っていたものが表出しただけで、それまで確認する機会がなかっただけだと考えられる。このことに関連して小児療育相談センター所長であった佐々木正美氏は、同委員会（JSOC）によるインタビュー企画（日本スペシャルオリンピック協会1982：12）で次のように述べ、知的障害児者の身体活動に対するとらえ方の問題点を指摘している。

　　「運動機能の発達については、麻痺があるとか手足が動かないということが明確でないだけに、そういう領域を強化するのを忘れているのです。脳性麻痺の人の運動機能の回復については、皆一生懸命に取り組みますが、精薄者には言葉が遅いとか精神機能が遅いとか、そういうことばかりに注目し、運動機能、私は感覚機能と随伴していると思いますが、そちらの面をよりよくトレーニングすることが遅れていたのです」（日本スペシャルオリンピック委員会1982：12）

　当時の社会では、特別支援教育を担う教職員にとっても「知的障害児者」と「スポーツ」を結びつけることは容易ではなく、また、このことが（4）でのカテゴリー＜消極的な周囲＞と相互に影響し合い、全体的な観念を形作ってしまっている。日本スペシャルオリンピック委員会（JSOC）による特別支援学校や福祉施設を超えたスポーツ大会は、この流れを止め、知的障害者スポーツのあり方や可能性を社会全体に示す意義を持っていたと考える。同委員会（JSOC）による＜全国大会の意義＞だといえる。

（6）カテゴリー＜今後の展開に向けた提案＞

　最後のカテゴリー＜今後の展開に向けた提案＞で【参加と競技性の両面の必要性】という概念を生成している。児童生徒の障害特性から参加の保障を視野

に入れつつ、同時に知的障害があったとしても競技性への意識が示されている。さらに具体例では、「普通のオリンピックが批判を受けているような状況になってしまった過程などをみると、このスペシャルオリンピックもそのようにならないでほしい」と述べている。このときすでに先行するスポーツの課題を認識していたことが示されている。

　また、当事者のスポーツ要求を中心に置くことが述べられ【当事者のスポーツ要求への眼差し】という概念を生成している。そこには創生期の知的障害者スポーツが、当事者のスポーツ要求主体ではなかったことの反省と期待が込められており、日々、児童生徒のスポーツ指導に向き合う担当教員の率直な意識が表れたものだと受け取れる。加えて、参加と競技性を意識しつつも概念【量的拡大という優先課題】を生成している。同様に、知的障害者スポーツが社会全体でまだ十分に理解されていなかったことを表している。

　第1回全国知的障害者スポーツ大会（ゆうあいぴっく）が開催された時期に能村（1992：152）は知的障害者スポーツの課題として、乳幼児期における身体運動の振興、生涯にわたるスポーツ活動の促進、全国的なスポーツ組織の確立といった視点を示しつつ、「全国的なネットワークの下、中核となり、推進していく母胎づくりが必要」をあげている。これはまさに、これから量的拡大を目指す日本スペシャルオリンピック委員会（JSOC）への課題提起そのものだといえる。

5　考察

　本章では、知的障害者スポーツの社会的な展開に関する特徴と意義を明らかにするために、アメリカで創設されたスペシャルオリンピックスの初期の動向と国内導入、および日本スペシャルオリンピック委員会（JSOC）による全国大会の実施に係る検討を行った。以下に総合的な考察を述べる。

（1）創生期の知的障害者のスポーツ要求と日本スペシャルオリンピック委員会（JSOC）

　特別支援学校の教職員による座談会記録を修正版グラウンデッド・セオリー（M-GTA）により分析した結果、概念【特別視しないスポーツ指導】【知的障害児のスポーツへの可能性】、およびカテゴリー＜担当教員の基本的意識＞を確認した（表4、以下全て同じ）。特別支援学校でスポーツ指導を担当する教員は、当初から知的障害のある児童生徒のスポーツ、あるいはその可能性を特別なものとは考えていなかったことが明らかとなった。また、その意識があるため【対外的なスポーツ要求】も潜在的にあったと推察され、日々、彼らと向き合い、要求を受けとめながら実践を担っていた教員によって表出されたスポーツ要求だといえる。

　一方で、児童生徒や自分の子どもにスポーツは必要ないという考え方として概念【スポーツに消極的な教職員】【スポーツに消極的な保護者】が生成され、逆の意味ともいえるスポーツ要求も確認できた。ただし、この消極性は、「新聞に顔がのるのではないか、テレビに写るのではないかといった心配」や、「人前で競争させることなど、とんでもないことだと主張する人が意外と多い（4（4））」といった社会的な捉え方によるものであり、本質的には当時の知的障害者スポーツの置かれている状況が十分でなかったことが反映されたものである。

　これは結果的に、日本スペシャルオリンピック委員会（JSOC）による全国大会での【全国大会が当事者に与えた感動】を含む＜全国大会の意義＞により、＜大会後の周囲の意識変化＞につながることになる。同委員会による取り組みは、知的障害者スポーツの意義と可能性を社会に示すことに貢献したものといえる。

　なお、このような経緯の中では、他のスポーツとの比較や先行するものへの追随といった意識はみられない。同委員会（JSOC）による全国大会に対しては【大会が持つリアリティの感動】が認識され、【全国大会に対する教職員の

好反応】【全国大会に対する保護者の高い評価】を示しているが、他との比較というものではない。

　これらは、「自分のもっている発達水準（段階）を起点に体育訓練を始め、一歩でも次の水準に進み、その水準で競技する」「その努力と健闘に対して全員がそれを称揚（2（2））」「選手一人ひとりがどれだけがんばったかを発表する場・機会（2（3））」というアメリカで創設された考えを受けて同委員会（JSOC）により国内事情に合わせて展開された際の基本方針が反映されたものである。知的障害者スポーツのあり方を社会に示す一つのきっかけになったものと考える。

（2）小括

　1980年代前半は知的障害者スポーツの全国大会を行うことなど社会全体が想像もしておらず、また、それに対する公的支援の検討も十分ではなかった時代である。そのような状況下で、日本スペシャルオリンピック委員会（JSOC）による全国大会に、賛否ある中で当初から多くの参加があったことの意義を再確認する。当然ながら、同委員会（JSOC）の主要な関係者の貢献は極めて大きいものではあるが、同時に、特別支援学校で未成熟ながらも児童生徒のスポーツ要求を受けとめ、日々実践に臨んでいた教職員の存在も忘れてはならない。素地があるところに同委員会（JSOC）の展開が重なったといえる。

　なお、スペシャルオリンピックスは、本章の前半で示したとおりアメリカで創設された活動ではあるが、ここでの分析によりそのまま国内に導入したのではなく、参考にしながらも国内事情の中で独自に展開してきたことが確認できた。とくに当事者や関係者のスポーツ要求が自主的に、実態に即して検討され、導入（参加）が進められたという点は特徴的である。その形態は、制度政策や公的な支援によるものではなく、また、医療的リハビリテーションに端を発した身体障害者スポーツとも異なるものである。知的障害者スポーツのあり方や可能性を社会に示すという意義に加え、関係者のスポーツ要求を基盤として独創的に展開してきたという点でもこのときの同委員会（JSOC）の活動は意義

があったといえる。

　最後に、カテゴリー＜今後の展開に向けた提案＞について述べる。当時、知的障害のある児童生徒のスポーツ指導に携わっていた教員たちは、先行する他のスポーツでの参加と競技性の二面性の問題に気が付いており、概念【参加と競技性の両面の必要性】を生成している。また、知的障害者スポーツが社会全体で十分に認識、共有されていないことを反映して、【当事者のスポーツ要求への眼差し】と【量的拡大という優先課題】といった概念も生成している。

　これらは障害のある、なしにかかわらず、また現代のスポーツにも通用する問題提起でもある。特別支援学校で知的障害のある児童生徒のスポーツ指導に携わる教員たちが、自主的に議論し、創造すべき基本方向をこのときすでに議論していたことは注目に値する。

注
1）具体的に、施設利用者以外の知的障害者を対象としたものとしては、1964年（昭和39年）に岩手県で福祉交歓大運動会が行われている（総理府編 1997：34）。東京都では1960年代後半から継続的に東京都とNHK厚生文化事業団の支援による「この子らのスポーツの集い」が（川田 1972：4）、神奈川県でも同じ時期に「愛護体育大会」が実施され（広瀬 1969：16）、参加対象は福祉施設の利用者から在宅者まで拡大されている。1970年代になると、1971年（昭和46年）には福岡県で知的障害者施設協議会によるソフトボール大会が、鳥取県では知的障害者愛護協会による施設親善球技大会が開催されている。1979年（昭和54年）には、九州各県と沖縄県の知的障害者愛護協会による九州地区施設利用者親善球技大会が毎年開催されるようになっている（総理府編 1997：34）。
2）具体的には、「1980年以前は、知的障害者スポーツはもっぱら養護学校における学校体育がその主流であった。その他、授産施設や障害者更生施設内におけるレクリエーション的な活動が主流であった。大会は、養護学校体育交歓会、授産所施設合同運動会等でそれぞれの組織内にとどまった活動であり、全国的な広がりはなかった（柴田・竹内・小林 2003：244）」「知的障害者の体育・スポーツに関する資料はほとんどなく、昭和40年代までは知的障害者の入所施設、精

神薄弱養護学校、特殊学級などで行われていた運動機能訓練、運動会などの体育的行事、体育の授業などの実践に限られていた（矢部・佐藤 1995：1261）」といった内容が示されている。

3）1964年に開催されたパラリンピック東京大会は、第1部の第13回国際ストークマンデビル大会と、第2部の国内特別大会で開催された。大会の正式名称は、国際身体障害者スポーツ大会であったが、4年に一度オリンピック開催年に行われる国際ストークマンデビル競技大会の愛称「パラリンピック（対麻痺＝paraplegia選手のオリンピックの意）」が新聞等により連日報道されたことから、わが国ではパラリンピックの名称が広く知られるところとなった。国際パラリンピック委員会（IPC）設立後に、第2回パラリンピック夏季競技大会に位置付けられた（日本障害者スポーツ協会 2010：7, 38）。

4）本研究ではDr. Frank Haydenの日本語表記について、既に出版されている関連書（遠藤 2004：91）と同じ「フランク・ヘイドン」とした。

5）具体的には、精神薄弱者問題白書1981年版（大友 1981：208）での「1 九州地区スペシャル・オリンピック、同1982年版（高橋 1982：216）の「第一回日本スペシャル・オリンピック」、同1984年版（皆川 1984：214）の「10スポーツ大会」、同1985年版（井手 1985：193）の「第一回国際障害者レスポ大会」といったものである。

6）現在の「フライングディスク」である。

7）療育は、「肢体不自由児の父」といわれる高木憲次の造語であり、療は医療を、育は養育・保育・教育を意味し、「療育とは、時代の科学を総動員して、肢体不自由をできるだけ克服し、自活の途が立つよう育成することである」と定義された（中央法規 2010：574）。

8）「滝乃川学園」は国内初の知的障害児者福祉施設で、1891年に「孤女学園」として設立され、1987年に改称したものである。設立者の石井亮一の体育観は、「体育と知育は密接な関係にある」というものであった（中川 2001：135）。

第3章

スペシャルオリンピックスの展開過程
──量的拡大の意義と、停滞という新たな課題

前章でみた知的障害者スポーツ組織「日本スペシャルオリンピック委員会（JSOC）」は、1980年代を中心におよそ10年間活動した後に、運営上の都合[1]によりいったん解散し、「スペシャルオリンピックス日本（SON）」という新組織に移行することになる。

　本章では、前史を受けたこの新組織「スペシャルオリンピックス日本（SON）」の現在までの展開を論じていく。ただし、同組織の歴史研究とするまでは資料等が明らかにされているわけではなく、また、それは本論文の主たる目的でもない。ここでは、スペシャルオリンピックス日本（SON）の展開過程とその特徴をもとに、現段階における到達点と課題を明らかにする。

　具体的には、スペシャルオリンピックス日本（SON）の組織的な整備の展開過程（量的な拡充等）を視点としつつ、（1）前史を引き継ぎ形成された組織活動の理念・使命を確立する創生期、（2）それに基づく展開で全国に都道府県単位の拠点（筆者注：同組織では「地区組織」と称している）を設けるに至った展開期、（3）それ以後の停滞期における新たな課題、と三つの時期に区分して検討する。

　なお、参考としてスペシャルオリンピックス日本（SON）の主な活動の展開過程を表1に示しておく。

表1　スペシャルオリンピックスの展開過程3区分

時期区分	主な動き・特徴
JSOC解散～1995年頃 （創生期）	・前身の「日本スペシャルオリンピック委員会(JSOC)」解散 ・理念を引き継ぎ熊本県で新たな活動、世界大会に選手派遣 ・新組織「スペシャルオリンピックス日本（SON）」設立 ・第1回夏季ナショナルゲーム（熊本）開催
1995年～2009年頃 （展開期）	・4年毎に夏季冬季の全国大会開催と世界大会への選手派遣 ・冬季世界大会長野開催（2005年） ・本部組織が認定NPO法人として国税庁より認定（2006年） ・47都道府県に活動拠点展開（2009年）
2010年～現在（停滞期）	・本部組織が公益財団法人化（2012年）

1　スペシャルオリンピックスの新たな展開——1995年頃まで

（1）JSOCの理念を引き継いでのSONの発足

　前章でみたとおり、日本スペシャルオリンピック委員会（JSOC）の全国大会に関係した特別支援学校の教職員たちは、同委員会の活動のような知的障害者スポーツの量的拡大の必要性を意識している。スポーツに参加と競技性という二つの側面があることを認識した上で、まずはその機会の充実化を優先課題としてあげている。

　1981年に発足（日本障害者スポーツ協会 2010：57）した同委員会（JSOC）は、7回の全国大会を開催（総理府編 1997：35）した後、1992年に解散している。しかし同時に、その理念に共感する人たちにより熊本県を中心に活動が続けられ[2)]、2年後の1994年11月には新しい組織「スペシャルオリンピックス日本（SON）」が設立されている（スペシャルオリンピックス日本 2005：52）。翌1995年3月には新組織による全国大会（著者注：同組織ではナショナルゲームと称している）が熊本県で開催され、アスリート137名とコーチ他64名が参加するなど、旧体制の活動を引き継ぎつつ新たな展開を始めている。

（2）新組織スペシャルオリンピックス（SON）の新たな組織活動の理念

　このように、前身の「日本スペシャルオリンピック委員会（JSOC）」を引き継いで出発した「スペシャルオリンピックス日本（SON）」ではあるが、その前史、解散をどのように総括し、新たな体制として始めてきたのか、その過程は明らかにされていない。しかし、前史に対して再出発時からの理念や使命は「新たな特徴」が意識されたものとなっており、その中で量的な拡大が図られている。具体的には、旧体制と比べて地域社会での活動拠点の整備や日常的な

スポーツトレーニングの支援に重きが置かれているということである。

　実際、同組織（SON）の資料ではその「使命」として、「年間を通じたさまざまなオリンピック形式のトレーニングと競技会を、知的障害のある人たちに提供する（スペシャルオリンピックス日本 2017：2）」と明記されている。加えて、新たな特徴について、前身のJSOC時代を知り、かつ、新組織スペシャルオリンピックス日本（SON）でも要職を歴任している井上（幹一）は、「当時はスポーツ大会を運営する団体と思っていました。それが93年に日本で新たに組織を作る（途中省略）、それまでとまったく考え方が違う。地域の中でボランティアが支える活動ということに驚きました」（スペシャルオリンピックス日本 2005：11）と述べている。新組織の方向性が、単にイベント的な全国大会の開催だけではなく、「地域での継続的なスポーツ」を意識したものであったことがうかがえる。

　さらに、この組織活動の特徴は次のような展開も意識していたと考えられる。以前（JSOC時代）は特別支援学校や福祉施設単位でのトレーニングと大会参加が多く、在宅の知的障害児者への対応が課題（2章2（3））とされていたが、新たな組織スペシャルオリンピックス日本（SON）ではこの問題に応えるように都道府県単位の地区組織を設けている。特別支援学校や福祉施設の所属とは関係なくスポーツに参加できる環境作りを目指していたものといえる。

　また、各地区組織は、任意団体、NPO法人、公益社団法人など地域の実情に応じた柔軟な運営形態がとられ、組織にとっても参加が重視されたものとなっている。各地区組織の名称は都道府県名を表記するものとなっており、例えば京都府に事務局を置き活動を展開する場合は、「スペシャルオリンピックス日本・京都（SON京都）」というような統一した形となっている。そして、上位の全国組織として、全体マネジメントや国際本部（SOI）等とのやり取りといった本部機能を担う「公益財団法人スペシャルオリンピックス日本（SON）」が東京に置かれている。それぞれの役割を明確にしつつ、地域の実情に即した活動とともに全国的な集約、活動も行っている。このような組織展開の結果、多くの知的障害者が生涯スポーツとして地域でのスポーツに参加することにな

り、同時にそれを重視するスペシャルオリンピックス（SON）の新たな特徴と
もなっている。また、新組織下では競技会や大会等への参加に際して、特別支
援学校や福祉施設の名称ではなく、日常的にトレーニングを行う地域の名称、
すなわち都道府県単位の地区組織名が用いられることになり、当該地域の代表
選手として派遣、出場することになる。

　なお、各地区組織は、自治体等による行政指導、あるいは管理下で設置、運
営されるのではなく、関係者が自主的に集まり活動に携わっている。加えて、
特別支援教育や障害児者福祉サービス等とは直接連動しておらず、独立した形
で知的障害のある人たちの地域社会での生涯スポーツの支援を行っている。

　以上のことから、新組織「スペシャルオリンピックス日本（SON）」は、地
域の実情に合わせて作り上げるという活動形態を採用し、あらためて展開を始
めることになる。しかも、各地域（地区組織）での自主的なあり方の議論の尊
重が内包されているものとみられる。国際本部の日常的なスポーツプログラム
を重視するという基本姿勢は堅持されており、「だれもが参加でき、だれもが
楽しめる」という創設時以来の理念が、新たな特徴の前提となっている。

　新組織「スペシャルオリンピックス日本（SON）」の主な動向を表2に示す。

表2　スペシャルオリンピックス日本（SON）の主な動向

年次	主な内容
1992年5月	日本スペシャルオリンピック委員会（JSOC）解散
1992年7月	スペシャルオリンピックス説明会実行委員会が熊本で発足
1992年10月	スペシャルオリンピックス説明会開催（熊本市）
1993年1月	ボランティアコーチ研修会を行い、その後、熊本県内でスポーツプログラム活動が始まる
1993年2月	国際本部（SOI）から熊本の有志に対し、新たな国内本部組織設立の要請がある
1993年3月	スペシャルオリンピックス熊本設立。スペシャルオリンピックス日本設立準備会発足、国際本部のはからいで、第5回冬季世界大会（オーストリア・ザルツブルグ）に選手を派遣

1994年10月	スペシャルオリンピックス東京設立
1994年11月	スペシャルオリンピックス日本（SON）設立
1995年3月	第1回スペシャルオリンピックス日本夏季ナショナルゲーム（熊本）開催
1995年7月	第9回夏季世界大会（コネチカット州）に日本選手団30名を派遣
1995年8月	第1回ナショナルミーティング開催（熊本）
1996年2月	第1回冬季ナショナルゲーム（アルペンスキー宮城大会）開催
1996年5月	第1回冬季ナショナルゲーム（スケート福岡大会）開催
1997年2月	第6回冬季世界大会（カナダ・トロント）に日本選手団17名を派遣
1998年8月	第2回夏季ナショナルゲーム・神奈川開催
1999年6月	第10回夏季世界大会（アメリカ・ノースカロライナ）に日本選手団45名を派遣
2000年2月	第2回冬季ナショナルゲーム・長野開催
2001年2月	第7回冬季世界大会（アメリカ・アラスカ）に日本選手団16名を派遣
2001年5月	内閣府より特定非営利活動法人の認定証交付、特定非営利活動（NPO）法人スペシャルオリンピックス日本（SON）設立
2002年8月	第3回夏季ナショナルゲーム・東京開催
2003年6月	第11回夏季世界大会（アイルランド・ダブリン）に日本選手団77名を派遣
2004年2月	第3回冬季ナショナルゲーム・長野開催
2005年2月	第8回冬季世界大会を長野で開催（日本選手団150名を派遣）
2006年7月	認定NPO法人として国税庁より認定を受ける
2006年11月	第4回夏季ナショナルゲーム・熊本開催
2007年10月	第12回夏季世界大会（中華人民共和国・上海）に日本選手団120名を派遣
2007年12月	東京都より特定非営利活動法人の認定証交付（熊本県から東京都に本部を移転したため認証先が変更となった）
2008年3月	第4回冬季ナショナルゲーム・山形開催
2009年1月	スペシャルオリンピックスの活動が、47都道府県（36地区組織、11設立準備委員会）に拡がる
2009年2月	第9回冬季世界大会（アメリカ・アイダホ）に日本選手団87名を派遣

2010年11月	第5回夏季ナショナルゲーム・大阪開催
2011年7月	第13回夏季世界大会（ギリシャ共和国・アテネ）に日本選手団75名を派遣
2012年2月	第5回冬季ナショナルゲーム・福島開催
2012年4月	公益財団法人スペシャルオリンピックスに組織変更
2013年2月	第10回冬季世界大会（大韓民国・ピョンチャン）に日本選手団84名を派遣
2013年11月	第1回SOアジア太平洋大会（オーストラリア連邦・ニューキャッスル）に日本選手団45名を派遣
2014年11月	第6回夏季ナショナルゲーム・福岡開催
2015年4月	47都道府県すべてに地区組織設立
2015年7月	第14回夏季世界大会（アメリカ合衆国・ロサンゼルス）に日本選手団118名を派遣
2016年2月	第6回冬季ナショナルゲーム・新潟開催
2017年3月	第11回冬季世界大会（オーストリア・シュラートミング・ローアモース・ラムサウ・グラーツ）に日本選手団81名を派遣
2018年9月	第7回夏季ナショナルゲーム・愛知開催
2019年3月	夏季世界大会（アラブ首長国連邦・アブダビ）に日本選手団105名を派遣

スペシャルオリンピックス 日本2005、同2014、同2017、同ホームページをもとに作表

2 全国的な知的障害者スポーツ組織としての確立
——2009年頃まで

(1) 組織的な活動の量的拡大

　国内では新組織が再編されたが、スペシャルオリンピックスとしての基本方針は変わっていない。日常的なトレーニングの積み重ねの先に、個人の成果発表の場としての競技会・大会があり、全員が決勝に進み、全員が表彰を受ける。既述のとおりである。また、夏季・冬季の世界大会がそれぞれ4年毎に開催さ

れ、その前年には国内選考を兼ねたナショナルゲーム（全国大会）が開催され
ている。

　1994年に新たな活動を始めたスペシャルオリンピックス日本（SON）は、全
国に地区組織を拡大しつつ、参加者を増やしてきた（詳細は後述）。同時に、ナ
ショナルゲーム（全国大会）の選手団規模や世界大会への日本選手団派遣人数
なども拡大してきている（表3、表4）。さらに、活動を支えるボランティア参
加者も増加してきており（表5）、新組織が意識して地域で継続的な取り組み
を行ってきていると想定される。

表3　ナショナルゲーム開催実績

開催年、開催地	選手団構成	
	アスリート （知的障害のある選手）	役員・コーチ他
1995年第1回夏季ナショナルゲーム・熊本	137人	64人
1996年第1回冬季ナショナルゲーム・宮城	34	17
1996年第1回冬季ナショナルゲーム・福岡	45	21
1998年第2回夏季ナショナルゲーム・神奈川	194	134
2000年第2回冬季ナショナルゲーム・長野	121	81
2002年第3回夏季ナショナルゲーム・東京	816	546
2004年第3回冬季ナショナルゲーム・長野 ／2005年SO冬季世界大会・プレ大会	620 24 ユニファイドパートナー[3)]	393
2006年第4回夏季ナショナルゲーム・熊本	1,016	560
2008年第4回冬季ナショナルゲーム・山形	566	330
2010年第5回夏季ナショナルゲーム・大阪	1,042	591
2012年第5回冬季ナショナルゲーム・福島	574	320
2014年第6回夏季ナショナルゲーム・福岡	975	593
2016年第6回冬季ナショナルゲーム・新潟	614	329
2018年第7回夏季ナショナルゲーム・愛知	996	602

スペシャルオリンピックス日本（2014：78）、同組織ホームページをもとに作表

表4　世界大会派遣実績

	日本選手団派遣人数	選手団構成	
		アスリート(知的障害のある選手)	役員・コーチ他
1995年第9回夏季大会、アメリカ・コネチカット州	30人		
1997年第6回冬季大会、カナダ・トロント	17		
1999年第10回夏季大会、アメリカ・ノースカロライナ州	45		
2001年第7回冬季大会、アメリカ・アラスカ州	16	10人	6人
2003年第11回夏季大会、アイルランド・ダブリン	77	53	24
2005年第8回冬季大会、日本・長野県	150	109	41
2007年第12回夏季大会、中国・上海	120	120	82
2009年第9回冬季大会、アメリカ・アイダホ州	87	61	26
2011年第13回夏季大会、ギリシャ・アテネ	75	52	23
2013年第10回冬季大会、大韓民国・平昌(ピョンチャン)	84	59	25
2015年第14回夏季世界大会、アメリカ合衆国・ロサンゼルス	118	77 パートナー6	35
2017年第11回冬季世界大会、オーストリア・シュラートミング・ローアモース・ラムサウ・グラーツ	81	54	22
2019年夏季世界大会、アラブ首長国連邦・アブダビ	105	67 パートナー7	22

スペシャルオリンピックス日本（2014：78）、同組織ホームページをもとに作表

表5 ボランティア数推移

年度	コーチ	コーチ以外の ボランティア	年度	コーチ	コーチ以外の ボランティア
1995年	統計無し	1,112人	2005年	3,182人	14,613人
1996年	統計無し	1,635	2006年	4,117	18,975
1997年	統計無し	1,784	2007年	7,444	12,034
1998年	統計無し	2,030	2008年	7,895	14,281
1999年	統計無し	2,348	2009年	8,294	16,736
2000年	統計無し	2,702	2010年	4,621	17,102
2001年	統計無し	2,980	2011年	4,034	9,595
2002年	統計無し	16,195	2012年	4,276	11,327
2003年	統計無し	8,609	2013年	4,922	13,637
2004年	1,209人	13,297			

スペシャルオリンピックス日本（2014：76）をもとに作表

（2）量的拡大の社会的背景

　スペシャルオリンピックスの地区組織数、アスリート数が拡大する1990年代半ば以降は、諸施策の整備と前後しながら社会全体で知的障害者スポーツが活発になり始めた時期でもある。量的拡大の背景をみてみると、同組織の拡大期は社会全体でスポーツの機運が高まり、一般的なスポーツに加え障害者スポーツも広く認識されるようになってきた時期でもある。当初、医学的リハビリテーションから始まった障害者スポーツも、競技型、参加型を問わずさまざまな形で行われるようになってきたといえる。

　国内のスポーツ推進に関する諸施策としては、古いものでは前回の東京オリンピックの時期の「スポーツ振興法（1961年）」があり、以降、「体育・スポーツの普及振興に関する基本方針（1972年）」が示され、国民のスポーツ参加、生涯スポーツが意識されることになる。この他、「生涯にわたる心身の健康の保持増進のための今後の健康に関する教育及び振興のあり方（1997年）」「健康

日本21（2000年）」「スポーツ振興基本計画（2000年）」「スポーツ立国戦略（2010年）」などがある（川西 2012：9-13）。

これらを受けて、知的障害者スポーツの動向として1992年（平成４年）には公的なものとしては初めてとなる全国レベルの「全国知的障害者スポーツ大会（ゆうあいピック）」が開催されている。この大会はこのあとも毎年実施され、2001年（平成13年）には身体障害と知的障害が統合された「全国障害者スポーツ大会」となり、現在まで続いている。

そして、この時期に本稿で対象とするスペシャルオリンピックス（1994年）を含め知的障害者スポーツの各競技団体が相次いで設立されている。また、長野県で開催されたパラリンピック冬季競技大会（1998年）では全日本育成会による選手選考を経た８名の日本人選手が出場し、健闘している。この長野大会は知的障害者スポーツにとって一つの転機となっており、この時の状況を松友（2000：222）は、「知的障害者のスポーツが一気にブレークした」と示している。さらに、2005年には知的障害者を対象としたスペシャルオリンピックス冬季世界大会が長野県で開催され、日本人選手150人を含む約2500人の選手団が参加し（スペシャルオリンピックス 2005：52）、加えて、大会を支えた多くの市民ボランティアと、メディア報道により知的障害者スポーツは広く知られるようになる。

研究動向も社会の動きや関心の高まりに応えるものとなってきているが、一方で、知的障害者スポーツに対する社会や関係者側の否定的なとらえ方に関する言説も少なくない。具体的には能村（1998：149）が「社会的に知的障害者に対する理解が浅く、スポーツには関心が寄せられない」「家族や関係者に、知的障害者はスポーツできない、余分であるという先入観がある」「行政としてもスポーツよりも福祉、教育、施設整備等の推進が優先される」「本人の意思表示の弱さと、幼児期からのスポーツ経験が十分でない」と指摘している。この他にも、「家族や関係者にさえ、スポーツは無理である、不必要と言うスポーツに対する評価があり、可能性や必要性が十分理解されなかった（矢部・佐藤1995：1264）」「声をあげにくい彼らに代わって、周囲の人が動かなければこの

状況は変わらない（後藤 2008：833）」といったもので、当時の実態とともに懸念が示されている。

　以上のように、本研究で対象とするスペシャルオリンピックスの活動開始期（1994年）から、地区組織やアスリート数がともに増加拡大していた2009年頃までは、他の知的障害者スポーツの活動や組織化、研究において社会的な関心が高まりつつあった時期とも重なる。何が、どのように関係したかは今後の研究課題ではあるが、その中でスペシャルオリンピックスの組織数等の発展は、それまでは「スポーツはできない」と位置づけられ、機会が十分でなかった知的障害のある人たちの基本的なスポーツ要求を受けとめてきたということになる。併せて、社会的な要請にも応えた意義ある活動を展開していたといえる。

（3）スペシャルオリンピックスの活動の特徴

　このような状況下で再スタートしたスペシャルオリンピックスは、結果的に知的障害者スポーツを代表する全国的な組織となる。序章で述べたとおりである。しかし、一方で当時の厚生省や文部省などからは主旨さえも十分に理解されず、また、その運営費のほとんど全てを寄付協賛金[4]でまかなうなど、従前のように有志による民間レベルであったことが報告（大阪知的障がい者スポーツ協会 2011：159）されている。社会全体の障害者スポーツ推進の動きとは対照的に、知的障害者スポーツの量的拡大を目指す同組織の取り組みは実際にはまだ広く共有されてはいなかったものといえる。したがって、全国的な組織とはなったものの、それは公的な支援が十分ではない中で、関係者の自主的な努力により実現してきたということになる。

3　スペシャルオリンピックスの組織的拡大の停滞
──2010年から現在まで

(1) 会員動向に着目した分析

　あらためて、本章では新しく発足した知的障害者スポーツ組織「スペシャル
オリンピックス日本（SON）」の会員動向について、量的拡大と停滞という変
化に着目して検討を行う。

　分析は、同組織に所属するアスリートの動向について、毎年12月に全国47都
道府県にある地区組織から集約される情報をもとに行う。集計情報は、アス
リート数、実施競技と競技別の参加人数、年齢区分（2011年以降）、ボランティ
アとして参加するコーチ数などである。このうち本章では、1995年から2016年
までのアスリート数の推移、および2011年以降の年齢構成に着目して分析をす
すめる。

　なお、分析においては「スペシャルオリンピックス日本（SON）」の資料を
用いるが、研究目的で使用することの承諾を得ている。一方、地区組織単位の
詳細な情報は公開することを前提に集計・報告されているものではないため、
ここでは記載していない。

(2)−1　スペシャルオリンピックスの会員数推移の実際と特徴

　知的障害者スポーツ組織「スペシャルオリンピックス日本（SON）」のアスリー
ト数は、地区組織の設立とともに増加してきている。ただし、2009年に46番目
の地区組織が設立され7,816人となって以降ほとんど増加しておらず、2016年
12月末の時点では7,936人となっている（図1）。

　なお、図中の2005年から2006年にかけて数値が大きく変動しているのは、集
計方法が変わったためである。加えて、2011年から2013年にかけても会員数が

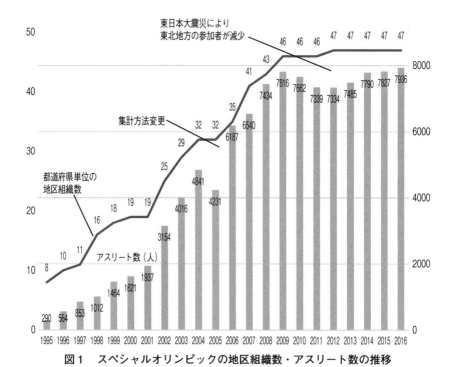

図1　スペシャルオリンピックの地区組織数・アスリート数の推移

※地区組織数には設立準備会を含む。ただし、設立準備会で活動実績のないところ（アスリート数が0）は
除いてある。

減少しているが、これは東日本大震災の影響により、東北地方の複数の地区組織で参加者が減ったためである。

（2）-2　スペシャルオリンピックスの会員構成（年齢別）の実際と特徴

　続いて、アスリートの年齢構成比について詳細なデータがある2011年から2016年までの動向を確認した。その結果、アスリートの年齢構成において、いくつか特徴的な結果が得られた。

表6　アスリートの年齢構成（全体）

	8~15歳	16~21歳	22歳以上
2011年	24.0%	32.7	43.3
2012年	22.3	32.5	45.2
2013年	20.3	32.7	47.0
2014年	18.5	31.2	50.3
2015年	18.0	29.6	52.4
2016年	17.3	28.8	53.9

表7　アスリートの年齢構成（男女別）

	男性			女性		
	8~15歳	16~21歳	22歳以上	8~15歳	16~21歳	22歳以上
2011年	19.5%	25.1	32.6	4.4	7.7	10.7
2012年	18.3	25.5	34.9	4.0	7.0	10.3
2013年	16.8	26.0	36.2	3.5	6.7	10.8
2014年	15.1	24.9	38.7	3.4	6.3	11.7
2015年	14.6	23.3	40.2	3.4	6.3	12.2
2016年	13.6	22.7	41.1	3.7	6.0	12.9

　具体的には、①8〜15歳のアスリートが24.0%から17.3%に、16〜21歳が32.7%から28.8%にそれぞれ減少しており、②対照的に22歳以上では43.3%から53.9%に増加しているというものである（表6）。③男女別でみると男性の増減が顕著で、8〜15歳で19.5%から13.6%に、16〜21歳で25.1%から22.7%に減少、22歳以上は32.6%から41.1%に増加している。女性は大幅な増減はみられない（表7）。このため、全体の年齢階層別の増減は男性の変化がそのまま反映されている形となっている。なお同組織の2016年末時点のアスリート構成は、22歳以上の成人男性が全体の4割以上を占めている。

（２）−３ 分析結果の特徴

　本章では知的障害者スポーツ組織「スペシャルオリンピックス日本（SON）」の、地区組織数、アスリート数、年齢構成について約20年の年次集計を基に検討を行った。その結果、①1994年の活動開始期から2009年までは地区組織、アスリート数は増加傾向にあった、②しかし、2009年以降のアスリート数は停滞している、③年齢別データがある2011年以降でみると8歳から21歳の若年層は減少し、対照的に22歳以上のアスリートは増加、④男性の増減が女性よりも顕著、ということが明らかとなった。

　若年層の新規参加が少なく、かつ、既存会員の継続参加により年齢構成が高まる形となっている。結果をふまえ以下に考察を述べる。なお、①については、本章２（２）「量的拡大の社会的背景」で述べているため、ここでは省略する。

（３）停滞期への移行要因の分析

　スペシャルオリンピックスのアスリートは、検討可能な資料の限りでは2009年以降増加していない。また、年齢構成比はデータがある2011年以降で21歳以下の若年男性が減少傾向にある。ただし、組織運営に大きな変化があったわけでもない。同組織は、これまでみてきたように社会的背景の中で展開してきているが、横ばい、あるいは若年層が減少するような社会的事象があったのか、以下にその要因を検討する。

　まず、18歳までの障害児が通う特別支援学校でのスポーツ状況をみてみると、体育の授業以外に行われているさまざまなスポーツ形態[5]のうち「通年の運動部活動やクラブ活動」は知的障害の場合62.7％となっている（笹川スポーツ財団　2017：73）。また、運動部・クラブの設置状況では、小学部（知的障害）で53.9％、中学部（知的障害）54.8％、高等部（知的障害）で66.3％、全体で62.4％となっている（同資料）。特別支援学校に通う児童生徒の半数以上が学内

の部活動やクラブでスポーツに参加していることになるが、報告書では前回2013年の調査結果と大きな変化はないことも示されている。したがって、特別支援学校での部活・クラブの充実化が大きく進み、参加する児童生徒が増加したためにスペシャルオリンピックスへの参加が減少したとは考えにくい。

　学校教育以外では、放課後等デイサービスという2012年から児童福祉法に位置付けられたサービスがあり、6〜18歳の障害児が放課後や学校休業日に利用している。制度創設当初（2012年4月）は約5.2万人だった利用人数は、2017年3月期ではおよそ14.9万人と大きく増加している。基本活動[6]の一部として、スポーツ・ダンス・スイミング等を取り入れているところもあるが、年齢幅が広い、利用者の障害が多様、一人ひとりの利用時間が様々、障害児10人に対してスタッフ2名という人員配置基準が厳しい、といった課題も報告されている（原田 2015：23-27）。このため放課後等デイサービスでの継続的なスポーツ実施は容易ではないと考えられ、同サービスの新設がスペシャルオリンピックスの会員減につながっているとは考えにくい。

　また、文部科学省が1995年から育成を進めている総合型地域スポーツクラブ[7]では全体の3,582（2016年7月準備中含む、スポーツ庁 2016b）クラブのうち30.6％で障害者が参加しており、障害種別では知的障害は38.9％（複数回答）となっている（笹川スポーツ財団 2013：87-89）。さらに、スポーツ少年団の調査では、「障がいの程度が軽い子どもたちが参加していると推察」としつつ、知的障害がある子どもは9.3％参加していることが報告されている（日本体育協会 2015：12）。これらはスペシャルオリンピックスの会員動向に影響するものではあるが、いずれも同様な課題を持っている。それは、障害特性により単独での外出・移動に制約がある、というものである。先行研究でも知的障害者のスポーツ参加と保護者等の移動・外出支援との関係が指摘されており（守田・七木田 2004：73-74）、知的障害者スポーツの前提として会場までの移動という課題は不可避となっている。加えて、総合型地域スポーツクラブにおける「障害者の参加に対応するための取組」で、「送迎等、交通アクセスに関するサービスの実施」は7.3％（複数回答）となっており（笹川スポーツ財団 2013：96）、す

べてのニーズを充足しているとは考えにくい。対応する社会資源として、18歳以上の知的障害者には障害者総合支援法[8)]による移動支援サービスがあり、スポーツに関するものを含め外出の支援を社会福祉サービスとして利用できる仕組みとなっている。これにより知的障害のある人たちのスポーツ参加の促進につながる可能性もあるが、利用先では多くの選択肢[9)]の中でスポーツに関係する「プール・トレーニングジム」で9.5％と、多くを占めているとはいえない（国立重度知的障害者総合施設のぞみの園 2011：49）。移動支援サービスを利用して、単独で一般的なスポーツの場に参加している知的障害のある人たちは多いものではない。

　したがって、スペシャルオリンピックスのアスリート数の増減に直接影響を及ぼしているとは考えにくい。また、仮に社会サービスが関係するのであれば性別、年代にかかわらず等しく減少するはずである。しかし、そうした傾向はみられない。

（4）停滞期の社会的なスポーツ動向

　既述のとおり、1990年代半ば以降は社会全体で知的障害者スポーツが展開し始めた時期でもある。2010年以降も「スポーツ基本法の成立施行（2011年）」「スポーツ基本計画（第1期2012年、第2期2017年）」、スポーツ庁の発足（2015年）など、国民のスポーツ参加への体制が整備されてきている。諸施策を反映して実際に国民一般のスポーツ実施は増加傾向を示し、20歳以上の1年間の運動・スポーツの実施率では週1日以上が1982年の27.9％（文部科学省 2013：23）から2016年では42.5％（スポーツ庁 2016a：13）となっている[10)]。

　障害者スポーツに関しても、スポーツ庁が当初から障害者スポーツも対象としている他、スポーツ基本法では「障害者が自主的かつ積極的にスポーツを行うことができるよう、障害の種類及び程度に応じ必要な配慮をしつつ推進」という基本理念が掲げられている。また、スポーツ基本計画（第2期）では、障害者スポーツの振興等として具体的な数値目標が示されている。

しかし、こうした施策の展開が直ちに障害者のスポーツ参加に反映されるわけではない。成人障害者の過去1年間の週1日以上のスポーツ実施者は19.2%（笹川スポーツ財団 2016：19）と、前述の国民一般と比べて半分以下の状況となっている。障害者のスポーツ環境については、これまでにも特別支援学校卒業後にはスポーツ参加が十分でないことが示されており（後藤 1992：44；奥田 2007：167）、加えて、戦後日本のスポーツ普及は学校が中心であった（内海 2015：129）という指摘もある。

　したがって、社会の動向や諸施策の推進により障害者スポーツの位置付けや参加への意識、あるいは地域スポーツへの期待は高まってきてはいるが、一方で、学校教育以外でそれに応える環境は依然として十分に整備されていない実態にあるということが想定される。それ故に、「だれもが参加でき、楽しめる」という基本的な考えを持つスペシャルオリンピックスの会員数は、大幅増ではなくとも増加傾向にあって然るべきではあるが実際には停滞している。社会的な背景が会員数停滞の要因になっているとは言い難い。

4　小括：量的拡大から提起された新たな質的課題

　本章では、知的障害者スポーツ組織「スペシャルオリンピックス日本（SON）」の会員動向に着目して検討を行ってきた。全般的には、アメリカで創設されて以来国際本部が示してきた基本的な理念を、日本の、あるいは地域の実情に応じて具体化してきたといえる。公平な国際ルールを堅持しつつ、学校や福祉施設の所属などに関係なくだれもが継続的に参加できるように重点的に取り組み、知的障害者スポーツを代表する全国組織となっている。さらに、これらが自主的な議論、自主的な運営が尊重されることによって作り出されてきている。

　しかし一方で、社会全体がスポーツ推進の潮流にある中で若年層の新規参入が少なく、かつ、全体の会員数も停滞しており、発展的な方向にあるとはいえ

ない実態も明らかとなった。社会サービスや諸施策の拡充といった複合的な要因があるとはいえ、それらは同組織の会員数の停滞とは直接関係していない。そうなると同組織自体の課題、あるいは問題としてその要因を考える必要がある。ただし、これまでみてきたようにこの時期にとくに会員数が停滞するような運営上の事情があったというわけでもない。

　次章の課題ではあるが、仮説として、当事者のスポーツ要求が発展し、それに実践が追い付いていないということが考えられる。冒頭述べたとおり、前身の日本スペシャルオリンピック委員会（JSOC）時代を含め、当初は知的障害者スポーツの量的拡大が求められており、その拡大基調による展開は1990年代半ば以降の知的障害者スポーツが社会全体で認識され始めた時期には意義あるものであった。しかし、ある段階から求められる内容に量的な発展だけでなく別の要求が含まれるようになってきた可能性がある。そのために、創生期から展開期のスポーツ要求をもとにした活動や運営マネジメントが、いまの社会全体の動向の中での若年層のスポーツ要求とうまく合わなくなってきたということは考えられる。

　なお、同組織においてこの時期の停滞要因に関する議論の記録は確認できない。活動についても従来通りで、余暇から競技性まで多様なスポーツ要求に応える独自のスポーツを継続している。また、第1章や第2章でみた現代的なスポーツのあり方としての「参加と競技性」の議論がなされているわけでもなく、商業化への傾倒も全くみられない。組織活動に影響を及ぼすような外的な影響もない中で会員数が停滞していることになる。その要因を議論することが差し迫った緊急課題としてあるのではなく、加えて、会員数が停滞しているという実態そのものも見えにくい状況にあるといえる。それだけに、自主的・自覚的な取り組みとして組織内部に生成されてきた新たな課題に着目する必要があると、本研究では展開していく。

　次章では以上の仮説に基づき、組織内に新たに生成された課題を明らかにする実態調査をもとに、アスリートのスポーツ要求の変化を分析していく。

注

1） 日本スペシャルオリンピック委員会（JSOC）解散の情報はほとんど残っていないが、遠藤（2004：129）の著書では「資金面の不安や組織の混乱」と記されている。

2） 遠藤（2004：133-38）は同書第5章の一節「消えなかった日本のスペシャルオリンピックスの火」で、スペシャルオリンピックスの素晴らしさに感動した一部の関係者が、熊本県で活動を再開していることを紹介している。

3） スペシャルオリンピックスでは、知的障害のある人と、ない人が共にチームメイトとして（個人競技の場合は二人一組で）トレーニングや競技会に参加する「ユニファイドスポーツ®」と称するプログラムが開発されており、これに参加する知的障害のない人のことを「ユニファイドパートナー、またはパートナー」と位置付けている。

4） 運営費等について、本部機能を担う全体組織（東京都）と、都道府県単位に置かれる地区組織は別々になっている（東京都にあるスペシャルオリンピックス日本・東京も独立した一地区組織という扱いとなっている）。いずれの場合も、企業・団体等による寄付協賛金がほとんどを占めている。

5） 特別支援学校（知的障害）で行われている授業以外のスポーツとしては、学校の運動会・体育祭が90.4%、マラソン大会・駅伝大会が54.9%、夏休み等のプール指導（学校またはPTA主催）39.1%、都道府県障害者スポーツ大会などのスポーツの大会に向けた期間限定の練習会（部活動は除く）37.1%、同じ敷地内の障害のない中高生の運動部活動への参加（不定期の活動は除く）2.8%となっている。

6） 基本活動は、自立支援と日常生活の充実のための活動、創作活動、地域交流の機会の提供、余暇の提供などで、複数組み合わせて支援を行うことが求められている（厚生労働省 2015）。

7） 総合型地域スポーツクラブは多種目、多世代、多志向という特徴を備え、公共スポーツ施設や学校開放施設などを拠点に地域住民が自主運営している。平成28年7月では準備中を含め3,582クラブが創設されている（スポーツ庁 2016b）。

8） 移動支援事業（ガイドヘルプ）は、平成15年の支援費制度制定により障害者の自立生活と社会参加の推進を目的として整備された。平成18年に制定された障害者自立支援法では地域生活支援事業の必須事業として位置づけられている。なお、支援費制度のときのガイドヘルパーは居宅介護の中に位置付けられ、主

に通院等への支援であった。スポーツを含むいわゆる移動支援は障害者自立支援法になってからのことである。

9）この他の移動支援の利用先では、デパート等25.3%、公園10.4%、散歩等8.2%、福祉施設6.5%、医療機関5.6%、動物園等4.8%、美術館等3.8%、官公庁3.3%、通勤・通学3.1%、金融機関2.5%、理美容院1.9%、入学式等0.2%、冠婚葬祭0.2%となっている。

10）第1章でもみたとおり、内海（2015）は国民のスポーツ実施の増加についてその内容が「ウォーキング、体操（ラジオ体操、職場体操、美容体操、エアロビクス、縄跳び）、散歩（ぶらぶら歩き）、ジョギング、筋力トレーニング」といった個人でできる健康運動が大半を占めていることを指摘している。

第4章

アスリートのスポーツ要求の実態と課題

―― スペシャルオリンピックスの参加者を
対象とした量的調査から

第3章では、知的障害者スポーツ組織「スペシャルオリンピックス」の展開過程と課題をみてきた。その結果、活動拠点の拡大とともに増加していたアスリートの数が、2010年頃から現在まで停滞していることが明らかとなった。そして、その背景には自主的な組織展開の中で新たに作り出されてきた、あるいは変化したスポーツ要求に応えられていない課題があるのではないかという仮説を提起してきた。本章ではこの仮説をもとに、アスリート数が停滞している時期のスポーツ要求の内容について検討する。

1 会員数の停滞期におけるスポーツ要求を検討する意義

これまで述べてきたとおり、スペシャルオリンピックスは1994年の発足以来、自主的な展開を進めてきている。関心の高まりの中で、それまで十分でなかった知的障害のある人たちにとってのスポーツ環境を身近なものに変え、「参加」という基本的な要求に応えてきたといえる。

一方で、同組織のアスリート数は2010年頃から現在まで停滞している。全国の都道府県に活動拠点が整備されたにもかかわらず、また、毎年発行される障害者白書（内閣府）では知的障害児者の数は年々増加しているにもかかわらず、である。組織運営に大きな変化や問題があったわけでもなく、本来なら拡大基調にあるはずである。

このような実態について本章では、組織的展開の整備、拡充による量的拡大が作り出した新たなスポーツ要求が背景にあるものと捉え、検討を行う。停滞期以前にその要因を求めるのではなく、停滞期におけるスポーツ要求の内容にこそ着目すべきと考え、その質的変化がどのようなものなのかを明らかにしていく。具体的には、スペシャルオリンピックスのスポーツプログラムに対するアスリートのスポーツ要求について検討を行い、その実態と課題を明らかにする。

2　研究の方法など

（1）調査対象、方法

　本研究では知的障害者スポーツ組織「スペシャルオリンピックス」の会員で
あるアスリートの参加実態とスポーツ要求の内容、課題を明らかにするために
質問紙を用いた量的調査を行う。調査票は、同組織におけるアスリートのス
ポーツを問う旨を示した上で、保護者や活動を支えるボランティアスタッフ等
も含め同じ内容で構成し、47都道府県にある地区組織のうち任意に選んだ複数
地区を対象に2014年に郵送法により配布・回収した。なお、この調査を中心に
検討するが2009年にも同組織を対象に量的調査を行っており、同じ設問がある
もの、および自由記述コメントについては2009年の結果と2014年の結果の比較
検討を行う。

　2014年調査では、配布（687）・回収（339、回収率49.3%）で、そのうち保護者
という伴走者からの回答237件を抽出してここでの分析対象とした。スペシャ
ルオリンピックスの2014年の知的障害当事者の会員数は全国で7,790人[1]と
なっており、誤差5％、信頼度90%での標準的なサンプル数は約260件で、今
回は概ね満たしている。また、2009年の調査は、配布（2,087）、回収（876、回
収率42.0%）で、その内の保護者からの回答491件をここでの分析対象とした。
スペシャルオリンピックスの2009年の知的障害当事者の会員数は全国で7,816
人[2]となっており、2014年と誤差、信頼度はほぼ同等ではあるものの、5年前
の2009年の方が会員数は多かったことになる。

　なお、本研究では質問紙による量的調査を行うが、障害特性により知的障害
のある会員にとっては難しい。そのため、序章で示したように「保護者という
伴走者」に対する調査分析から、そのスポーツ要求を推定して検討することと
する。

また、知的障害のある人たちを対象とするが障害程度にかかわらずスポーツ要求を有し、参加できるという視点から、療育手帳の有無や障害程度、状況は問わずに検討する。

(2) 調査内容と分析方法

　調査内容は、基本属性、スポーツ要求の内容を検討するためのスポーツの効果・影響に関する質問項目、自由記述コメント欄の三群で構成した。なお、質問用紙は本論文の最後に参考資料として掲げている。

①基本属性の質問項目と分析方法
　基本属性の質問は、スポーツ効果・影響と自由記述に関する回収率を高めるために最小限とし、トレーニングの四大条件（魚住 2004：61）として示されている負荷、時間、頻度、期間のうち、アスリートあるいは伴走者である保護者の意識で決定できる参加の頻度と、活動期間（年数または月数）を設定した。なお、外的条件を左右するものとして当事者や保護者の生活環境があるが、本研究ではスポーツ要求の内容検討を主目的とするために割愛している。分析に際しては、スポーツ効果・影響に関する設問群との関係を確認するために、基本属性の活動頻度、期間をもとにいくつかの対象群に分けた。
　なお、5年前の2009年の調査も同様の質問項目を設けており、2014年の結果と比較することができる。

②スポーツの効果・影響に関する質問項目と分析方法
　知的障害者のスポーツ活動の効果・影響に関する明確な尺度はまだない。本研究では、障害者スポーツの動機や効果等に関する先行研究（Farrell et al. 2004；藤田 2003；Harada et al. 2009；Shapiro 2003；田引他 2013）、および事前のインタビュー調査をもとに、スポーツ場面に加え生活場面をも意識して「スペシャルオリンピックスでの活動が、アスリートに及ぼす効果・影響」に関す

る質問22項目を設けた（設問内容は表3参照）。それぞれ「非常にあてはまる（5点）」「まああてはまる（4点）」「どちらともいえない（3点）」「あまりあてはまらない（2点）」「まったくあてはまらない（1点）」という5段階尺度により得点を与えた。

　分析方法は22の質問項目の因子分析を行ない、その上で、抽出された各因子と参加頻度、活動期間との関係性について多重比較を行なった。統計分析ソフトにはSPSS Statistics17.0を用いた。

　なお、2009年の調査ではこの質問項目を設けていないため比較することはできない。

③自由記述の分析方法

　自由記述コメント欄については、現場の経験を活用し問題を探るKJ法（川喜田 1967，1970）を用いてアスリートのスポーツ要求に関する意識分析を行った。分析作業は、①得られた自由記述コメントについて精読し、②記載されている言葉や前後の文脈を検討して意味単位ごとの分析データ文に分け、③類似の意味内容を持つデータ文を集約し、④サブカテゴリー（表札）を設けるとともに代表的なコメントをいくつか示し、⑤さらにこれをもとに抽象度のより高い上位カテゴリー（表札）を作成した。⑥作業の過程で、地域や個人名、活動場面などが特定される恐れのある記載については匿名化した。

　KJ法を提案した川喜田は、「自分の知識でまとめてしまう（筆者注：途中省略）、考え方によって作品が違う（1970：288）」という意見があることを認識し、その上で、「理性的に考えるというほかに、すくなくとももうひとつ『情念的に考える』という思索が人間にはある（著者注：途中省略）、それは無論理というのではない。むしろ情念的な一種の論理であり、理性的な論理とはかならずしも一致しない（同書：74）。」と、その特徴を述べている。本研究ではこのことも意識して用いる。

　なお、2009年の調査でも自由記述欄があり、同様な分析方法で比較することができる。

④倫理的配慮

　調査票配布にあたっては、事前に同組織の責任者に調査用紙を示し趣旨説明とととともに確認と同意を得た。また、調査票はすべて無記名回答用紙を用いた他、回答は任意であり結果は研究目的にのみ使用され、かつ、統計的に処理を行い回答者が特定されない旨を調査票上に記した。

3　結果

　2で述べたとおり、スペシャルオリンピックスのアスリートのスポーツ要求に関して2014年と2009年に調査を行っているが、まず初めに2014年の調査結果を示し、その後で2009年の調査結果も用いて比較検討を行う。

（1）回答者の基本属性・参加状況

　回答が得られた237件のうちアスリートのスペシャルオリンピックスでの参加頻度[3]は表1のとおりであった。月に1回〜2回、週に1回を合わせると77.3％で、多くの会員が週に1回から月に数回程度のスポーツ活動に参加していることになる。活動期間については、回答者による具体的な数値の記入により最小値0、最長13年、平均6.03±3.21年という結果が得られた。さらに、活動

表1　スポーツ参加頻度

参加状況	回答数	％
参加していない	12	5.1
年に数回ぐらい	32	13.5
月に1〜2回	153	64.6
週に1回	30	12.7
週に2〜3回	7	3.0
週に4日以上	1	0.4

表2　スポーツ参加状況

	期間（年）	件数	構成比（％）
短期	2.81年以下	73	30.8
中期	2.82〜9.24年	81	34.2
長期	9.25年以上	83	35.0

期間は平均±1/2SD法により、短期（73件、構成比30.8%）、中期（81件、同34.2%）、長期（83件、同35.0%）という分類となった（表2）。

　なお、2009年調査の参加状況は、月に1回～2回と週に1回を合わせると65.0%、また、活動期間の平均は5.89年となっており、2回の調査で大きな変化はなかった。

（2）スペシャルオリンピックス参加の効果・影響に関する因子分析、活動期間との関係

　アスリートのスペシャルオリンピックスでの活動の効果・影響に関する22の質問項目について因子分析（主因子法、バリマックス回転）を行い、三つの因子を抽出した（表3）。

　一つ目の因子として、「日常生活上の質・動作が高まった」「仕事・学校などに前向きに取り組めるようになった」「地域社会とのつながりが増えた」などの質問項目から「社会的効果」因子を抽出した。二つ目の因子として、「スポーツ活動のある日を楽しみにしている」「多くの仲間ができてうれしい」「自分への自信が高まった」「こころの健康に役立っている」などから「心理的効果」因子を抽出した。三つ目の因子として、「身体的な健康に役立っている」「運動の機会としてちょうどいい」「体力面の向上につながっている」などから「身体的効果」因子を抽出した（表3）。

　なお、因子分析の過程で除外しなければならない質問項目は一つもなく、3因子の累積寄与率は58.22％であった。信頼性 α 係数は第1因子が.924、第2因子が.873、第3因子が.825で十分な値を示している。また、三因子間においてはそれぞれ高い相関関係がみられた。

　次に、この三因子と同組織のスポーツプログラムへの参加頻度と活動期間との関係性について分析を試みた。その結果、頻度として月に1～2回以上のスポーツ参加ではとくに有意差はなかった。一方、活動期間との検討では有意な特徴がみられた。具体的には、活動期間を前述の短期、中期、長期という三群にわけて多重比較（Tukey HSD）を行ったところ、「心理的効果」因子におい

表3　スペシャルオリンピックス参加の効果・影響の因子分析結果

因子と質問項目	（平均、SD）	I	II	III
社会的効果・影響				
（スポーツ以外の）日常生活上の質が高まった	(3.23±.87)	.756	.255	.340
（スポーツ以外の）日常生活上の動作が高まった	(3.20±.89)	.744	.195	.402
仕事・学校などに前向きに取り組めるようになった	(3.38±.92)	.726	.258	.235
衝動性、攻撃性などが低減された	(2.83±.97)	.699	.225	.159
集団行動、チームワークなどできるようになった	(3.60±.90)	.694	.341	.277
食生活を意識するようになった	(2.83±.89)	.683	.202	.202
まわりの人とのコミュニケーション力が向上した	(3.56±.87)	.590	.394	.237
地域社会とのつながりが増えた	(3.39±.95)	.476	.284	.339
自分のそれまでのスポーツ経験が活かせている	(3.16±1.01)	.444	.211	.375
スポーツへの関心が高まった	(3.28±.99)	.435	.271	.352
心理的効果・影響				
スポーツ活動のある日を楽しみにしている	(4.29±.80)	.114	.753	.156
多くの仲間ができてうれしい	(4.12±.89)	.402	.698	.034
自分への自信が高まった	(3.81±.88)	.324	.690	.348
大会や競技会参加などがんばる目標ができた	(3.72±1.23)	.344	.599	.230
家族の絆、家族関係がよくなることに役立っている	(3.51±.93)	.394	.521	.301
こころの健康に役立っている	(3.98±.72)	.220	.514	.487
スポーツ活動がある生活に満足している	(4.18±.80)	.243	.483	.390
身体的効果・影響				
身体的な健康に役立っている	(4.04±.70)	.217	.265	.788
運動の機会としてちょうどいい	(4.18±.75)	.247	.080	.698
体力面の向上につながっている	(4.07±.81)	.281	.216	.691
スポーツの技術面が向上した	(3.69±.97)	.281	.409	.470
自分の健康状態には満足している	(3.79±.80)	.314	.197	.457
信頼性 α 係数		.924	.873	.825

下位尺度得点、ＳＤ、相関	I 3.24±.71		II	III
			.718**	.707**
	II 3.96±.68			.667**
	III 3.96±.62			

主因子法、バリマックス回転　**p<.01

て活動長期者の値が有意に高いことが確認された（F（2,224）=5.26,p<.01）。「社会的効果」、および「身体的効果」因子では活動期間による差はみられなかった（図1）。

　なお、この設問については2009年調査にないため比較することはできない。

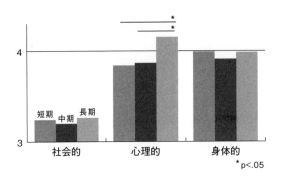

図1　各因子と活動期間との関係

（3）自由記述コメントの分析

　自由記述コメント（237件中114件で記載）をＫＪ法により分類した結果、「スポーツ実践への評価・感謝」「実践上の提案・課題」「スポーツ環境」という3つの上位カテゴリーが生成された（**表4**）。詳細を以下に示す。

　なお、本来ならここでは結果のみを述べるべきではあるが、考察部分での重複表記となることを避けるために、結果とともに若干の評価・考察も同時に示す。そのうえで、最後に全体のまとめとして総合考察を述べる。

　まず上位カテゴリー「スポーツ実践への評価・感謝」では、サブカテゴリーの「具体的な効果・期待」に最も多くのコメントがあった。例えば、「参加して、運動の楽しさと、運動が出来る事を知った」「土、日曜日の余暇活動としてとても有意義」というものである。知的障害の特性に合わせたスポーツの意義や、体力や競技面だけでなくQOL（生活の質）向上などへの期待が示されている。また、活動を支えるスタッフ等に対しては、「毎週来てくれるボランティアの

表4　自由記述コメントの分類

上位カテゴリー	サブカテゴリー	代表的なコメント例 （サブカテゴリー内の類似コメント数）
スポーツ実践へ の評価・感謝	具体的な効果・ 期待	・参加して、運動の楽しさと、運動が出来る事を 知った ・障害のある、なしに関係なく同じスポーツを一緒 に楽しむ中でたくさんの感動と喜びが持てるすば らしい活動だと実感 ・土、日曜日の余暇活動としてとても有意義 ・障害児・者の社会性育成、体力向上、余暇の充実 に大変良いと思う（34）
	支援スタッフ等 に対する感謝	・毎週来てくれるボランティアの方には感謝 ・指導者のかたの熱心さに頭が下がる（22）
	スポーツの機会 に対する感謝	・子供が高等部を卒業後運動に出会えるとは思って いなかった ・高等部卒業後に集団でスポーツが出来ると最高 ・親として障害の有る子ども達が活動出来る場があ る事はとってもうれしい事と思う（21）
	積極的な関与	・保護者として、できることは協力させていただき たいと思う ・これからも続けられるかぎりがんばりたいと思う ・長く続くことを願う。家族皆で応援している（13）
実践上の提案・ 課題	活動・指導内容 の充実化	・もう少し専門的なものを本人が望んでいる ・楽しく参加はもちろんですが、少し一歩前進する 事も必要と思います ・障害者の運動はこの程度で十分という考えが見受 けられる ・障害をもっているからとゆるい活動ではなく、ス ポーツマンとして、スポーツをするグループとし て活動を望んでいる（29） - ・個々のレベルに応じてプログラムを組んでほしい ・コーチや体制によって重度知的障害児には難しい 場面もある ・ルールが理解できないとスポーツに参加してはい けないのでしょうか？（10）
	スタッフ等の 数的充実	・ボランティアの方が不足 ・全体的にコーチ、ボランティアの人数が少ない ・有償でのコーチ依頼もありかと考える（14）

	組織運営	・ルールが厳格、理事会等も含めもう少しゆるやかな活動でもいいと思う ・全国大会、世界大会への参加枠がもう少し増えればと考える（4）
スポーツ環境	移動・送迎	・本人を連れていきたいが、自分の休みと合わず欠席となってしまう ・移動手段が何かあればいいと思う ・いつまで連れていってあげられるか、と思っている（17）
	広報・周知	・保護者の理解が深ければ参加者が増加する活動だと思う ・この場を必要としている一人でも多くの皆さんに広めたい ・素晴らしい活動なのに認知度がとても低いと思う ・まとまった資金を提供してくれるオフィシャルスポンサーがほしい（19）
	役割分担	・親の負担（役員や委員）があり、なかなか大変な時もある ・保護者の役割分担が、時々、負担になることがある（10）
	年齢等	・本人も親も年齢が高くなり、最近はほとんど参加していない ・本人は元気だが親は80代になり、つきあっていくのが大変（8）
その他	その他	・このアンケートのようなエビデンスに基づく評価があるとよい ・返信遅くなり申し訳ありません（5）

方には感謝」「指導者のかたの熱心さに頭が下がる」などの感謝のコメントが
あり、「支援スタッフ等に対する感謝」サブカテゴリーを構成している。

　関連して、サブカテゴリーの「スポーツの機会に対する感謝」にも多くのコ
メントがあった。例えば、「子供が高等部を卒業後運動に出会えるとは思って
いなかった」「高等部卒業後に集団でスポーツが出来ると最高」「親として障害
の有る子ども達が活動出来る場がある事はとってもうれしい事と思う」など、
知的障害のある人たちの社会生活上、とくに特別支援学校等の卒業後のスポー
ツ参加の機会に対する記載が多くみられる。前章でも触れたとおり、卒業後の
スポーツ参加が十分でないことはこれまでにも指摘されており（後藤 1992：
44；奥田 2007：162, 167）、今回の調査でもこれらを支持する結果が得られた
といえる。

　次に、「実践上の提案・要望」カテゴリーでは活動内容に対する提案、要望
などのサブカテゴリーを生成している。そのうちサブカテゴリー「活動・指導
内容の充実化」では多くのコメントがあり（39件）、大きな特徴が表れている。
具体的には、「もう少し専門的なものを本人が望んでいる」「楽しく参加はもち
ろんですが、少し一歩前進する事も必要と思います」「障害者の運動はこの程
度で十分という考えが見受けられる」「障害をもっているからとゆるい活動で
はなく、スポーツマンとしてスポーツをするグループとして活動を望んでい
る」といったものである。共通しているのは、現状とは異なるスポーツを求め
る意識であり、その方向は「スポーツらしさ」や「競技性」に向けられている。
また、これとは対照的に、「個々のレベルに応じてプログラムを組んでほしい」
「重度知的障害児には難しい場面もある」「ルールが理解できないと参加しては
いけないのでしょうか？」といった障害特性に対応した活動を求める回答もみ
られる。知的障害があったとしてもスポーツらしい活動、あるいは障害に合わ
せたスポーツを求めるものであり、いずれも指導内容の充実化を期待している
ことが示されている。

　この他、「ボランティアの方が不足」「全体的にコーチ、ボランティアの人数
が少ない」など活動を支援するスタッフ不足への言及があり、サブカテゴリー

「スタッフ等の数的充実」を生成している。前述のとおり、スポーツの機会に対しては率直に謝意を感じてはいるものの、運営のほとんどをスポーツボランティアに頼らざるをえない障害者スポーツ組織の現実的な課題がみられる。「有償でのコーチ依頼もありかと考える」というコメントは、活動の充実化への要求とスタッフ不足という現実を象徴している。

　三つ目の上位カテゴリーとして「スポーツ環境」を生成し、知的障害者スポーツに特徴的な結果を得ている。構成するサブカテゴリー「移動・送迎」では、「本人を連れていきたいが、自分の休みと合わず欠席となってしまう」「移動手段が何かあればいいと思う」などスポーツ会場までの移動や送迎に関するコメントが多くみられる。先行研究でも保護者の付き添いが不要な参加を望んでいることが報告されており（守田・七木田 2004：74）、当事者だけでの移動等に制約がある障害特性を反映した要求・課題だといえる。同様に、保護者の役割、委員会の担当など障害者スポーツ組織の運営に関する負担感のコメントもあり、これらも当事者だけで完結しにくい特有の要求・課題だといえる。

　「広報・周知」サブカテゴリーでは、「保護者の理解が深ければ参加者が増加する活動だと思う」「この場を必要としている一人でも多くの皆さんに広めたい」「素晴らしい活動なのに認知度がとても低いと思う」などがみられた。概して知的障害者スポーツを広く知ってほしいという保護者の率直な意識が表れたものといえ、背景にはやはり社会全体で知的障害者のスポーツの機会が十分でないという当事者側の実態があるものと想定される。

（4）2009年調査の自由記述コメントの分類

　続いて2009年に行った調査の自由記述コメントを分類したものを示す。結果的に、「スポーツ実践への評価・感謝」「実践上の提案・課題」「スポーツ環境」という三つの上位カテゴリーが生成された（表5）。詳細を以下に説明するが、前節同様に結果とともに若干の評価・考察を同時に述べ、最後に総合考察を行う。

表5　自由記述コメント分類（2009年調査）

上位カテゴリー	サブカテゴリー	代表的なコメント例 （サブカテゴリー内の類似コメント数）
スポーツ実践へ の評価・感謝	具体的な効果・ 期待	・できないだろうと思っていたが、続けることの大切さを実感した ・先の見えないわが子の将来が、楽しく、明るいものに変わった ・本人たちの社会参加のよい機会となっている ・子供の精神面にも多大に影響を与えて頂けたことを喜んでいる ・知的障がい者が一般社会に知られるようになった。啓発活動に感謝（43）
	支援スタッフ等 に対する感謝	・コーチやボランティアの方々にはいつも頭が下がる ・協力していただいているボランティア、企業にはありがたいと思っている ・たくさんのスタッフ、ボランティア等に支えられスポーツができる楽しみを感じ、感謝の気持ちしかない（27）
	スポーツの機会 に対する感謝	・学校を卒業すると体を動かす機会はほとんどない。とっても必要な活動だと思っている ・スポーツの場を与えていただき、ありがたく思っている ・スポーツクラブ等何かさせたいと思っても健常な子供と一緒にはちょっと無理だろうとなかなか一歩が踏み出せないので、この活動には気兼ねなく参加できる（24）
	積極的な関与	・楽しい活動になるよう、保護者として協力していきたいと思っている ・自分なりに（微力ですが）協力したいと思う ・まだ下の兄弟に手がかかるので今はあまりお手伝いができないが、いつかは何かお返しができればと思っている（19）
実践上の提案・ 課題	活動・指導内容 の充実化	・スポーツ関係の資格を持ったボランティアの指導がほしい ・コーチ・指導者の技術不足を感じる（6） ・どんなに重度でも参加できればいいと思う

		・情緒・知的にコミュニケーションが取りにくい子のことへの配慮があれば、もっと参加したい人も多くいると思う（12）
	支援スタッフの数的充実	・社会人の方で多忙のようでなかなか来ていただけない現状がある ・ボランティアの数が足りていないので、指導するのが難しいように思う ・学生さんのボランティアを求めたい、大学が近くにあるが、学生さんたちにはあまり知られていない（21）
	組織運営	・ルール（失格等の基準）の見直しをお願いしたい。本人たちはいつも全力で競技するが、その結果、失格は納得出来かねる ・同種目の活動場所を増やしてほしい ・ナショナルゲームには多くの参加者が出場できるよう検討願う（52）
スポーツ環境	移動・送迎	・親が健在でなければ本人の参加が大変難しい現状がある ・私（保護者）も今グループホームに入り活動に参加していません。送迎の時間等難しい面がある ・母親の私の体が不自由なため、子どもを活動に出す機会が減って残念なこともある（19）
	広報・周知	・パラリンピックの一部としか世間には見られていないような感じである ・もっと多くの人にこの活動を知ってほしい ・このような素晴らしい活動がもっともっといろいろなところで広がっていくことを願っている（23）
	役割分担	・親として負担は軽くないと思う ・他の障がい者を持つ親に話すと親の負担感ゆえに遠慮されることがある ・（保護者への）精神的な負担もある、他のスポーツのようにコーチ主導でプログラムが進められるといいと願っている（29）
	年齢等	・子どもの年齢があがると親も年をとり、その分活動への参加がだんだんしんどくなっているのは確か

		・将来、親が年をとり高齢になった時は、活動に参加するのが困難なこともでてくると思う（8）
その他	その他	・今回のアンケートも、この活動にはとても大切なことだと思う。保護者の意見も、時々は書面等で聞くことも良いことと考える（14）

　上位カテゴリー「スポーツ実践への評価・感謝」では多くのコメントがあり、四つのサブカテゴリーを生成している。その中の「具体的な効果・期待」では、初めて継続的なスポーツ経験を得たことによる率直なコメントも含まれている。たとえば、「できないだろうと思っていたが、続けることの大切さを実感した」「先の見えないわが子の将来が、楽しく、明るいものに変わった」などである。障害特性に合ったスポーツ体験が十分でなかったことが背景にあると推察される。さらに、「社会参加のよい機会となっている」「子供の精神面にも多大に影響を与えて頂けたことを喜んでいる」など、体力面や競技面だけでなくQOL（生活の質）向上への期待があることも示された。

　また、活動を支えるスタッフ等に対しては、「コーチやボランティアの方々にはいつも頭がさがる」「協力していただいているボランティア、企業にはありがたいと思っている」など多数の謝意を示すコメントがみられ、サブカテゴリー「支援スタッフ等に対する感謝」を生成している。さらに、サブカテゴリーの「スポーツの機会に対する感謝」にも多くのコメントがあり、潜在的なスポーツ要求があることが確認できる。たとえば、「学校を卒業すると体を動かす機会はほとんどない。とっても必要な活動だと思っている」「スポーツの場を与えていただき、ありがたく思っている」など、スポーツの機会に対する評価が多くみられる。いずれも2014年の調査と同等の結果となっている。

　次に、上位カテゴリー「実践上の提案・要望」ではスポーツの実践場面に関する具体的な提案・要望として三つのサブカテゴリーを生成している。このうちサブカテゴリー「活動・指導内容の充実化」と「組織運営」には多くのコメントがあった。具体例として「スポーツ関係の資格を持ったボランティアの指

導がほしい」「コーチ・指導者の技術不足を感じる」「どんなに重度でも参加できればいいと思う」というものがみられる。関連して、「社会人の方で多忙なようでなかなか来ていただけない」「ボランティアの数が足りていないので、指導するのが難しいように思う」といった支援スタッフなどへの言及がありサブカテゴリー「支援スタッフの数的充実」を生成している。一方、サブカテゴリー「組織運営」は、「ルール（失格等の基準）の見直しをお願いしたい」「同種目の活動場所を増やしてほしい」「ナショナルゲームには多くの参加者が出場できるよう検討願う」などのコメントで構成され、個人レベルの要望・提案が示されている。

　三つ目の上位カテゴリー「スポーツ環境」を構成するサブカテゴリー「移動・送迎」「役割分担」では、当事者だけでの行動や移動、あるいはスポーツ組織の運営協力等に制約のある障害特性が表れている。例えば、「親が健在でなければ本人の参加が厳しい現状」「親として負担は軽くない」などが示されている。保護者の付き添いに関しては前節でも触れた課題（守田・七木田 2004：74）と同様であり、他にも保護者の負担感（高畑・武蔵 1997：柳澤 2012）が報告されている。当事者だけで完結しにくい知的障害者スポーツ特有の課題だといえる。サブカテゴリー「広報・周知」では、「パラリンピックの一部としか世間には見られていないような感じ」「もっと多くの人にこの活動を知ってほしい」といったコメントがみられる。概して、社会における知的障害者スポーツの機会や理解の不十分さと、その拡大と共感を求める当事者側の意識が表れている。

（5）2009年と2014年の自由記述コメントの比較

　本研究で得られた自由コメントからは「スポーツ実践への評価・感謝」「実践上の提案・課題」「スポーツ環境」という三つの上位カテゴリーを確認した（表4、表5）。その上で、2009年と2014年の分類結果を比較したところ、大きく変化した部分と、特に変化がなかった部分がみられた。配布・回収数が異なる

表6　2009年と2014年の自由記述コメント比較

上位カテゴリー	サブカテゴリー		2009年の全体コメントに対する割合（件数）	2014年の全体コメントに対する割合（件数）
スポーツ実践への評価・感謝	具体的な効果・期待		14.48%（43件）	16.50%（34件）
	支援スタッフ等に対する感謝		9.09　（27）	10.68　（22）
	スポーツの機会に対する感謝		8.08　（24）	10.19　（21）
	積極的な関与		6.40　（19）	6.31　（13）
実践上の提案・課題	活動・指導内容の充実化	競技性志向	2.02　（6）	14.08　（29）
		アダプテッド・スポーツ志向	4.04　（12）	4.85　（10）
	スタッフ等の数的充実		7.07　（21）	6.80　（14）
	組織運営		17.51　（52）	1.94　（4）
スポーツ環境	移動・送迎		6.40　（19）	8.25　（17）
	広報・周知		7.74　（23）	9.22　（19）
	役割分担		9.76　（29）	4.85　（10）
	年齢等		2.69　（8）	3.88　（8）
その他	その他		4.71　（14）	2.43　（5）
全コメント数			297件	206件

ためコメント数での比較ではなく、全体に対する構成比により検討を行った（表6）。

　まず、特徴的な結果が二つのサブカテゴリーで示されている。2009年の調査結果では、「組織運営」に対するサブカテゴリーに多くの意見があり（全体コメントの17.5%）、その内訳の多くは、ナショナルゲーム（全国大会）に出られるようにしてほしい、失格のルールを変更してほしいというような個人レベルの要望・提案がほとんどであった。逆に、活動内容の充実化や競技性を求める「競技性」へのコメントは少なかった（同、2.0%）。

これとは対照的に、2014年の調査では、個人レベルの要望・提案はほとんど見られず（同、1.9%）、また、「競技性」へのコメントが増加しており（同、14.1%）スペシャルオリンピックスのスポーツに参加するアスリートの要求は5年前とは異なるものとなっている。また、大会参加やルール変更などに言及することなく、重度であったとしても障害に合わせた形のスポーツを求めるコメントも見られる。新たな価値として示される（第1章2）「アダプテッド・スポーツ」のような要求は、どちらの調査においても一定数存在している。

　この他のサブカテゴリーでは特に変化はなく、サブカテゴリーの「具体的な効果・期待」「支援スタッフ等に対する感謝」「スポーツの機会に対する感謝」などには共通して多くのコメントがあり、知的障害者スポーツの意義と潜在的な参加への要求があることが確認できる。また、「移動・送迎」「役割分担」なども2009年と2014年のどちらの調査でも同様のコメントがあり、知的障害のある人たちのスポーツ要求が当事者だけでは充足し難い側面を持つことを明確に示している。

4　考察

　本研究では、知的障害者スポーツ組織「スペシャルオリンピックス」に参加しているアスリートの活動実態、スポーツ要求の内容、課題を明らかにするために、保護者という伴走者を対象に質問紙を用いた量的調査、分析を行った。その結果を以下で考察する。

（1）継続的に長期間参加することの意義

　参加状況とスポーツ効果については、2009年と2014年でほぼ変化がないので、ここでは2014年をもとに考察する。

　本研究が対象とするスペシャルオリンピックスのアスリートは、8割近くが

週に１回から月に数回の頻度で活動に参加している（3（1））。文部科学省が全国の成人を対象に実施した調査報告[4]では、成人一般の週３回から月に１～３回のスポーツ実施率が65.8％に対して、障害者（成人）では27.1％となっており、本調査結果は国民一般に匹敵する、あるいは障害者全般の約３倍の参加頻度であった。あらためてスペシャルオリンピックスのスポーツプログラムに参加しているアスリートは、参加頻度でみると先進層といえる。

　スポーツの効果としては「社会的」「心理的」「身体的」という三つの因子が抽出され、継続的に参加している先進層で国民一般と同様のスポーツ効果が意識されていることが示された（3（2））。障害者スポーツは脊髄損傷者への医学的リハビリテーションにスポーツを取り入れたものが大きな起点の一つとされているが、当初から社会的、精神的、社会的意義があることが示唆され（Guttmann 1976=1983：13）、また、芝田（1992：151）も障害児者こそスポーツが必要だとしつつ、これらの三つの効果に言及している。今回調査を行ったスペシャルオリンピックスでは、障害程度や競技能力、年齢・性別等に関係なく広く多様な人たちがスポーツプログラムに参加しており、このようなスポーツ組織においてもこれまで障害者スポーツの効果とされてきたものと同様の結果が示されている。基本的な理解として、知的障害があったとしてもスポーツの効果への期待は特別なものではないということになる。東京都による調査（2012）[5]でもスポーツを行う目的は都民と障害者で同じようなものであったということが報告されている。

　また、今回確認した三因子のうち生活全般の意欲等に関わる心理面への効果のみが参加期間と相関していることが示された。したがって、心理的効果を享受するためには一定の参加期間を経ることが必要だということになる。知的障害のある人たちのスポーツ参加においては、機会や頻度に加えて、長期間継続できることを保障していくことがとくに重要な課題となる。

（2）アスリートのスポーツ要求の実態と課題

　自由記述コメントの分類（3（3）〜（5））では、特徴的な結果が2点得られた。まず、2014年の調査結果ではサブカテゴリー「活動・指導内容の充実化」で、「もっとスポーツらしく」ということと、「障害に合わせたスポーツ」というスポーツ要求が示され、かつ、前回の調査（2009年）と比べて大きく増加しているということである。もう1点はこれとは対照的に、2009年の調査で最もコメント数が多かったスペシャルオリンピックスの運営に対する個人レベルの要求が5年を経た2014年では大幅に減少しているということである（3（5）、表6）。

　アスリート側には、同組織におけるスポーツ要求として単にその機会があるだけ、余暇レベルということではなく、障害特性を意識しながらも活動や競技性を高めることへの期待があることが示唆されている。前節で示したように、機会が増え、長期間の継続によりスポーツが参加しやすく身近なものになったことで、それまではみられなかった新たなスポーツ要求が表出してきたものと考えられる。また、同組織におけるスポーツのとらえ方が、福祉やレクリエーションの延長の域を出始めた、あるいは「知的障害者もスポーツができる存在」という段階を既に超えてきているものと推察される。同組織が、障害程度や競技レベルなどで参加を限定したり排除したりすることなく、広くその機会を支援してきたことによるもので、同一の基本方針のもと全国で活動を継続してきた一つの意義だといえる。なお、知的障害者スポーツの普及・振興には社会や周囲の意識、態度が影響するが、今後の推進のためには当事者側に新たな段階のスポーツ要求が生成されてきているということを周りが積極的に意識していくことが求められる。

　また、2009年、2014年ともに具体的なスポーツ効果のほか、その機会や支援スタッフ等への評価・謝意などに関する多くのコメントがありカテゴリーを生成している。特別支援学校卒業後の生活で障害特性に合ったスポーツの機会の

不十分さや、潜在的な参加要求があらためて示されたことになる。スペシャルオリンピックスに参加するアスリートの要求の基本は、記録や勝ち負けよりもスポーツ参加そのものに向けられているといえる。

　この他、2009年と2014年の調査結果に共通する特徴として、スポーツ環境では「移動・送迎」に関するコメントが多くみられサブカテゴリーを生成している。在宅の65歳未満の知的障害者の場合、9割以上が親と暮らし、また、一人で外出できない場合の外出方法として家族の付き添いが8割近くになっている（厚生労働省 2013）。本人だけでの外出や移動に制約などがある知的障害のある人特有の要求であり、今後スポーツの普及・振興のためには解決すべき部分だといえる。今回の調査では十分な参加状況となっているが（3（1））、保護者による会場までの送迎がある中での結果となっている。在宅で生活している知的障害のある人のうち保護者等による送迎支援が得られない場合のスポーツ参加は十分でない可能性がある。なお、今回の調査ではスポーツ参加に係る費用負担に関するコメントは一件もなかった。知的障害のある人たちの経済状況、就労状況[6]を考えると異例とも受け取れるが、前提に保護者の関与があるためだと考えられる。

　このような「機会への感謝」や「移動送迎の課題」などは、スポーツ本来の目的や効果、活動内容や競技レベルなどとは直接関係しないものではあるが、見落とすことができない側面でもある。スポーツ参加に理解ある保護者や支援スタッフの存在がスポーツ要求の実現には不可欠だということであり、同時に、その充足が当事者主体のものになりがたい構造であることを暗示しているからである。スポーツに限ったものではないが、知的障害者の単独での活動参加をどう保障していくのかが今後の課題だといえ、社会サービス等を有効に活用することの検討も組織運営には求められる。

（3）小括：知的障害者スポーツの新たなスポーツ要求の到達点と今後の課題

　本章では、知的障害スポーツ組織「スペシャルオリンピックス」の会員数が

停滞している時期のスポーツ要求について、だれもがスポーツに参加できる広がりを追及する中で、競技性の向上を求める新たな要求が生成されてきたことを明確にしてきた。その到達点の意義は以下のようにある。

第1章でもみたとおり、「スポーツ参加の広がり」と「競技性の向上」という二つの側面は、これまでも障害者スポーツ、とくに身体障害者スポーツの世界で論じられてきており、知的障害者スポーツが先行する身体障害者スポーツと同じような議論をする段階にある、あるいは近づいていると受けとめることができる。このことは結果的に、参加の広がりを制約するという実際上の問題をもたらすことにもなりかねないが、普及にともなうスポーツ理論の葛藤のような問題であり、およそ30年あとから展開を始めた知的障害者スポーツ（詳細は第2章、第3章）の到達点は障害者スポーツ全体と同様になりつつあるといえる。

本研究で対象としたスペシャルオリンピックスにおいても、今後、単に競技性だけを追求していくならば参加の限定や排除といった同じような問題に陥ってしまう可能性がある。ただし、現段階では競技性を重視しているわけではない。また、今回の調査では活動内容の充実化がサブカテゴリーとして生成されたものの、そこにはプロ化や商業化、一般競技会などとの統合を求める回答は一切みられなかった。これまでのスポーツ要求、すなわち「参加」という重点は依然として生きているものといえる。

これらの「スポーツの広がり」と「競技性の向上」という両者の議論については、終章で関係構造等を整理する。ここでは新たなスポーツ要求を生成してきたスペシャルオリンピックスの到達点の意義にとどめる。

こうした新たに生成されたスポーツ要求に対して実際にスポーツ指導に携わる、あるいはともに活動するコーチ等はどのように対応するのか、今後の具体的な方向性を明らかにするための課題として提起される。当然ながら、知的障害者スポーツに対するコーチ等の捉え方や位置付け方が実際の効果や継続性などに大きく影響することになり、アスリート側のスポーツ要求に基づいたあり方が求められることになる。これまでの「スポーツの機会」に加え、「活動内

容の充実化」といった新たな性格の要求が確認された以上、コーチにもそれに応えるための新たなスキルが必要となる。たとえボランティアという立場のコーチであったとしてもアスリートのスポーツ要求に応えられる知識、意識、態度、指導力が求められる段階にきているといえる。

　次章では、スペシャルオリンピックスの実践を支えているコーチが、同組織のスポーツプログラムをどのように捉えているのか検討する。

注
1）2014年の在宅知的障害児・者は62.2万人で（内閣府：2014）、スペシャルオリンピックスのアスリートの全国の会員数7,790人はこれの1.25%となっている。
2）2009年の在宅知的障害児・者は54.7万人で（内閣府：2009）、スペシャルオリンピックスのアスリートの全国の会員数7,816人はこれの1.43%となっている。
3）厳密には本調査に回答した保護者のうち一部で同組織の委員等によりミーティングや事務作業などを役割分担しており、それが参加頻度の回答に影響し、アスリート（回答者の子ども）の活動頻度と若干の差異が生じている可能性がある。また、「参加していない」という回答が存在するのは、現在スポーツプログラムに参加していない世帯であっても会員として継続登録してあれば調査対象として調査票を郵送したためである。
4）具体的には、成人一般では週に3日以上が24.4%、週に1～2日が23.1%、月に1～3日が18.3%となっている。障害者では、週に3日以上が8.5%、週に1～2日が9.7%、月に1～3日が8.9%となっている（笹川スポーツ財団　2014：20）。
5）東京都調査では、スポーツを行う目的として上位に挙げられた項目は、「健康の維持・増進」「楽しみや余暇活動」「運動不足を感じるから」「友達や家族、仲間との交流」「肥満解消のため」等であり、障害者と都民で同じような結果であったことが報告されている（東京都　2012：4）。
6）特別支援学校の高等部卒業後（知的障害）の進路は約64%が社会福祉施設等であり、そのうち就労に関するものの多くが旧授産施設にあたる就労継続支援B型となっている。ここでの平均工賃は平成26年度で月額14,838円となっている（日本発達障害連盟　2016）。

第5章

新たなスポーツ要求に着目できていない
実態と課題

——スペシャルオリンピックスのコーチの現状認識

前章では、スペシャルオリンピックスのスポーツに関する量的調査・分析により、アスリートのスポーツ要求として「だれもが参加できる機会の拡充」「活動内容の充実、とくに競技性の向上」というものがあることを確認した。これに対して、同組織で直接的にスポーツプログラムに携わり、アスリートの活動を支えるコーチ[1]の意識がどのようなものであるのか、本章で検討する。

1　研究の目的

　スポーツ要求に応えるためには指導者・コーチといった人的側面の充実化は不可欠となる。障害者スポーツにおいても多くの指導者・コーチがボランティアとして関わっており、とりわけ知的障害者のスポーツ環境にとって人的なサポートは欠くことのできない要件（安井 2004：161）とされ、加えて、重要な他者からの賞賛は知的障害児の運動領域にも影響を及ぼす（小島 2010：1-11）ことが示されている。指導者・コーチのあり方は、知的障害者スポーツの効果や継続性と大きく関係することになる。本研究で対象とするスペシャルオリンピックスも例外ではない。

　本章ではスペシャルオリンピックスのスポーツプログラムに対するコーチの意識に着目して検討を行う。具体的には、（1）同組織のスポーツに参加するアスリートのスポーツ効果・影響をどのように捉えているか、また、（2）支え手として自身が継続的に携わっているスポーツプログラムをどのように評価しているかを調査し、前章でみた当事者のスポーツ要求、とくに新たに生成されたスポーツ要求との関係に着目して分析する。

2　研究の方法など

（1）調査対象、方法

　本研究では、スペシャルオリンピックスのコーチを対象として、量的調査を行い、同組織のスポーツプログラムをどのように捉えているのか分析する。

　なお、同組織ではアスリートの保護者についても、自分の子どもではなく他のアスリートのスポーツ実践を支えるコーチとしてスポーツプログラムに携わる場合がある。本研究では、一般ボランティアのコーチ（以下、「一般コーチ」）に加え、この保護者でもあるコーチ（以下、「保護者コーチ」）も対象にして分析を行う。分析の過程でとくに両者を区分する必要がある場合はそれぞれを明記し、単にコーチとのみ記載してある場合は一般コーチと保護者コーチの両方を指すものとする。

　調査票は同組織のアスリートが参加するスポーツプログラムに関して問う旨を示した上で、47都道府県にある地区組織のうち任意に選んだ複数地区を対象に2013年4月から2014年7月にかけて配布、回収した。郵送法（配布対象4,017、回収1,074、回収率26.7%）を中心に回収し、地区組織の諸活動の場などで直接調査を依頼したもの122件を加えた。

　本調査においては、スポーツプログラムを支援するコーチの他、当該組織の運営・イベントスタッフ、保護者、理事役員等も全て同じ調査票（詳細は次節）で実施している。本章ではそのうち、アスリートのスポーツプログラムを直接的に支援するコーチからの回答292件を抽出して分析対象としている。

　なお、同組織の2013年末時点のコーチ数は全国で4,922人（スペシャルオリンピックス日本 2014：76）となっており、誤差5%、信頼度90%での標準的なサンプル数は約257件で、今回はこれを満たしている。

（2）調査内容と分析方法

　調査内容は基本属性に加え、同組織でのアスリートのスポーツ効果・影響に関する質問群、コーチが考えるスポーツプログラムの評価に関する質問群、自由記述コメント欄で構成した。質問用紙は本論文の最後に参考資料として掲げた。このうち本章ではスポーツプログラムの評価に関して検討を行う。

①基本属性の項目と分析方法
　基本属性は、第4章（2（2））で示したとおりであるが、トレーニングの四大条件（魚住 2004：61）とされている負荷、時間、頻度、期間のうち、コーチ個人の意思で決定できる活動頻度、活動期間（経験年数、月数）を質問した。また、同組織が会員を対象に行っているコーチ研修[2)]の受講歴も確認した。なお、外的条件としてコーチ自身の生活環境があるが、本調査ではスポーツプログラムの評価を問うことを主たる目的として、設問を最小限とするために割愛している。分析に際しては、回答者を活動頻度、活動期間、研修受講歴といった属性をもとにいくつかに分類した。

②スポーツの効果と実践に関する質問項目と分析方法
　質問項目の設定理由と分析方法については、第4章（2（2））で示したとおりである。
　スポーツ場面に加え生活場面も意識してコーチが考える「スペシャルオリンピックスでのスポーツが、アスリートに及ぼす効果・影響」に関する質問22項目を設けた（設問内容は表4参照）。それぞれ、「非常にあてはまる（5点）」「まああてはまる（4点）」「どちらともいえない（3点）」「あまりあてはまらない（2点）」「まったくあてはまらない（1点）」という5段階尺度により得点を与えて分析した。
　スポーツプログラムの評価に関する質問項目については、トレーニングの四

大条件（負荷、時間、頻度、期間）、および同組織の活動からの離脱・休止の要因（田引他 2015：169-76）を参考に、「プログラムの頻度（回数）が多い」「1回あたりのプログラム時間が長い」「コーチの指導方法が合わない」「年齢が高くなってきてトレーニングに参加できない」「トレーニングレベルが高すぎる」「トレーニングレベルが低すぎる」「スペシャルオリンピックスのスポーツルールは厳しい」という七つを設定した。同様に、5段階尺度により得点を与えて分析した。

　分析方法は、まず22の質問項目の因子分析を行い、その上で、抽出された各因子とコーチの活動頻度、活動期間、同組織内のコーチ研修受講歴との関係性について比較検討を行った。スポーツプログラムに関する七項目に関しては得られた得点をもとに、コーチの活動頻度、活動期間、組織内のコーチ研修の受講歴、コーチ区分との関係について分散分析と多重比較（Tukey HSD法）、およびt検定により検討した。統計分析ソフトには SPSS Statistics17.0 を用いた。

③倫理的配慮

　調査票配布にあたっては、事前に対象とした地区組織の責任者に調査用紙を示し趣旨説明とととともに確認と同意を得、かつ、調査趣旨の説明文を全ての調査用紙に同封した。また、調査票はすべて無記名回答用紙を用いた他、回答は任意であり結果は研究目的にのみ使用され、かつ、統計的に処理を行い回答者が特定されない旨を調査票上に記した。

3 結果

（1）回答者の基本属性・参加状況

　分析対象としたコーチの年齢構成は40代（20.2%）、50代（29.8%）、60代（20.2%）が多く、男女比については男性が62.0%、女性が37.7%であった（表1）。また、スペシャルオリンピックスでのコーチのこの1年の活動頻度については、週に

表1　回答者の基本属性

年齢層		
10代	6人	2.1%
20代	23	7.9
30代	29	9.9
40代	59	20.2
50代	87	29.8
60代	59	20.2
70代以上	28	9.6
男女比		
男性	181人	62.0%
女性	110	37.7
コーチの活動頻度（この1年）		
週に2回以上	17人	5.8%
週に1回	81	27.7
月に1〜2回	119	40.8
年に数回ぐらい	44	15.1
ほとんど参加していない	26	8.9

表2　コーチの活動期間3区分

コーチの活動期間（全体平均7.07±4.30年）		
短期（4.91年以下）	96人	32.9%
中期（4.92～9.22年）	106	36.3
長期（9.23年以上）	88	30.1

表3　コーチ研修の受講歴・コーチ区分

コーチ研修の受講歴		
受講したことがない	47人	16.1%
1～2回	125	42.8
3回以上	118	40.4
コーチ区分		
一般のボランティアコーチ	176人	60.3%
保護者でもあるコーチ	116	39.7

2回以上、週に1回、月に1回～2回を合わせると74.3%で、多くが月に数回程度以上の活動を行っているという結果となった（表1）。

　コーチの活動期間は、回答者による具体的な数値の記入により最小値0.0年、最長25年、平均7.07±4.30年という結果を得た。コーチの参加は基本的にボランティアという形態であり本人の意思に基づくものではあるが、アスリートのスポーツ参加状況（第4章）と同等のものであった。活動期間を平均±1/2SD法により分類したところ、短期（96件、構成比32.9%）、中期（106件、同36.3%）、長期（88件、同30.1%）という結果となった（表2）。

　コーチ研修の受講については、全体の83.2%にあたる243人が受講済みで、16.1%の47人は未受講であった（表3）。コーチ区分は、一般コーチが176人（60.3%）、保護者コーチが116人（39.7%）であった（表3）。

（2）スペシャルオリンピックス参加の効果・影響に関する因子分析、活動期間との関係

　スペシャルオリンピックスでのスポーツ効果・影響に関する22の質問項目の5段階尺度では、「運動の機会としてちょうどいい（4.15±.83）」「多くの仲間ができてうれしい（4.15±.85）」「身体的な健康に役立っている（4.09±.72）」「体力面の向上につながっている（4.09±.78）」「こころの健康に役立っている（4.02±.73）」などで高い結果となった（表4）。

　22の質問項目について因子分析（主因子法、プロマックス回転）を行った。その際、十分な因子負荷量を示さなかった二項目を除外し再度因子解を求めた結果、三つの因子を抽出した（表4）。

　第一因子として、「仕事・学校などに前向きに取り組めるようになった」「集団行動、チームワークなどできるようになった」「地域社会とのつながりが増えた」などの質問項目から「社会的効果」因子を抽出した。第二因子として、「身体的な健康に役立っている」「運動の機会としてちょうどいい」「体力面の向上につながっている」などから「身体的効果」因子を抽出した。第三因子として、「スポーツ活動がある生活に満足している」「活動のある日を楽しみにしている」「多くの仲間ができてうれしい」「こころの健康に役立っている」などから「心理的効果」因子を抽出した。信頼性 a 係数は第一因子が.901、第二因子が.851、第三因子が.825で十分な値を示している。また、三因子間においてはそれぞれ相関関係がみられた（表4）。

　次に、抽出された三因子とコーチのスペシャルオリンピックスにおける活動頻度、活動期間、組織内のコーチ研修の受講歴との関係について分析を試みた。その結果、「ほとんど参加していない」を除いた、年に数回、月に1〜2回、週に1回、週2回以上のいずれにおいても有意差はなく、コーチの属性等に関係なくスペシャルオリンピックスでのスポーツ効果は同じように意識されていることが明らかとなった。

　一方、これら三因子に対する一般コーチと保護者コーチとの比較では心理的

表4　コーチが考える、スペシャルオリンピックスのスポーツ効果の因子分析結果

因子と質問項目	（平均、SD）	I	II	III
社会的効果				
仕事・学校などに前向きに取り組めるようになった	(3.46 ± .89)	.812	-.147	.087
衝動性、攻撃性などが低減された	(3.15 ± .92)	.808	.019	-.205
（スポーツ以外の）日常生活上の動作が高まった	(3.40 ± .79)	.744	.010	.090
（スポーツ以外の）日常生活上の質が高まった	(3.46 ± .79)	.713	-.148	.273
食生活を意識するようになった	(2.93 ± .82)	.680	-.024	-.103
集団行動、チームワークなどできるようになった	(3.72 ± .84)	.625	.178	.012
スポーツへの関心が高まった	(3.41 ± .89)	.614	.239	-.082
自分のそれまでのスポーツ経験が活かせている	(3.64 ± .92)	.584	-.047	.054
まわりの人とのコミュニケーション力が向上した	(3.69 ± .81)	.579	.182	.021
地域社会とのつながりが増えた	(3.62 ± .99)	.391	.340	-.044
身体的効果				
身体的な健康に役立っている	(4.09 ± .72)	-.054	.824	.081
運動の機会としてちょうどいい	(4.15 ± .83)	-.093	.803	.037
体力面の向上につながっている	(4.09 ± .78)	-.079	.727	.184
スポーツの技術面が向上した	(3.86 ± .93)	.214	.670	-.175
心理的効果				
スポーツ活動がある生活に満足している	(4.10 ± .74)	-.026	-.068	.892
活動のある日を楽しみにしている	(4.33 ± .73)	-.211	.081	.759
多くの仲間ができてうれしい	(4.15 ± .85)	.107	.091	.526
家族の絆、家族関係がよくなることに役立っている	(3.79 ± .90)	.267	.141	.393
自分の健康状態には満足している	(3.77 ± .77)	.345	-.065	.382
こころの健康に役立っている	(4.02 ± .73)	.272	.093	.370
信頼性 a 係数		.901	.851	.825

下位尺度得点、ＳＤ、相関　I 3.45 ± .63　　.616**　.702**

II 4.05 ± .68　　.579**

III 4.03 ± .57

主因子法、プロマックス回転　**p<.01

効果因子において保護者コーチのほうが有意に高い結果（t(270)=2.19,p<.05）となった（表5）。社会的効果因子（t(267)=.70,n.s.）、および身体的効果因子（t(276)=1.03,n.s.）では有意差はみられなかった。

（3）スポーツプログラムに対するコーチの現状認識

スポーツプログラムに関する七項目に関して、コーチの活動頻度、活動期間、コーチ研修の受講歴、コーチ区分のそれぞれで5段階尺度の得点を比較した。その結果、コーチの活動期間を短期、中期、長期に分けた検討においては七項目中のうち二項目「コーチの指導方法が合わない（F(2,273)=4.31,p<.05）」「年齢が高くなってきてトレーニングに参加できない（F(2,276)=4.01,p<.05）」で群間差があり、残る五項目で有意差はなかった（表6）。コーチの活動頻度、組織内のコーチ研修の受講歴では全ての比較群で有意差はみられなかった。また、概して得点は低い傾向にあった。

対照的に、一般コーチと保護者コーチとの間では「プログラムの頻度（回数）が多い（t(277)=2.78,p<.01）」「1回あたりのプログラム時間が長い（t(248.42)=3.99,p<.001）」「コーチの指導方法が合わない（t(276)=4.79,p<.001）」「年齢が高くなってきてトレーニングに参加できない（t(279)=7.70,p<.001）」「トレーニングレベルが高すぎる（t(278)=5.63,p<.001）」「スペシャルオリンピックスのスポーツルールは厳しい（t(278)=4.12,p<.001）」という六つの質問で有意差がみられ、全てにおいて一般コーチのほうが保護者コーチよりも高い結果となった（表6）。「トレーニングレベルが低すぎる（t(210.55)=1.62,n.s.）」では有意な差はみられなかった。

4 考察

（1）コーチが考えるスペシャルオリンピックスのスポーツ効果

　本章では、スペシャルオリンピックスのスポーツプログラムに携わるコーチの意識に着目し、同組織でのスポーツの効果・影響をどのように捉えているか調査分析した。その結果、社会的効果、身体的効果、心理的効果という三つの因子を確認した。

　第4章でも述べてきたが、障害者スポーツでは以前から社会的、精神的、社会的意義があることが示唆されている（Guttmann 1976=1983：13；芝田 1992：151；髙橋明 2004）。また、立木（2008：295）でも現代における障害者スポーツは身体的、精神的、社会的効果への期待が強く感じられるとしている。本研究が対象とするスペシャルオリンピックスは、競技能力や障害程度、年齢・性別等で参加を限定することなく知的障害がある人たちの参加を広く受け入れているが、そのような形態のスポーツ組織のコーチからも同様の結果が得られたことになる。

　また、これら三因子と、コーチの同組織での参加頻度や活動期間、組織内のコーチ研修の受講歴との関係では、「ほとんど参加していない」を除き、有意な関係はみられなかった（表5）。したがって、経験年数などに関係なく同組織でのスポーツ効果はコーチの間で共有され、また、実際のスポーツプログラムはコーチの属性に関係なく安定した意識のもとで展開されていることになる。スペシャルオリンピックスのアスリートにとっては安心して参加できる環境にあるといえる。

　一方、三因子について一般コーチと保護者コーチを比較してみると、心理的効果因子に関して保護者コーチの方が有意に高くなっている（表5）。心理的因子を構成する質問項目をみてみると、「活動のある日を楽しみにしている」

表5 スポーツ効果因子と属性との関係

スポーツ効果因子	コーチ活動頻度 mean (SD) 週2回以上	週1回	月に1-2回	年に数回	参加していない		コーチ活動期間 mean (SD) 短期	中期	長期		コーチ研修受講歴 mean (SD) なし	1-2回	3回以上		コーチ区分 mean (SD) 一般コーチ	保護者コーチ	
社会的効果	a) 3.75 (.48)	b) 3.45 (.61)	c) 3.45 (.62)	d) 3.36 (.67)	e) 3.14 (.63)	a>e*	3.49 (.66)	3.43 (.54)	3.42 (.71)	n.s.	3.26 (.71)	3.47 (.69)	3.50 (.52)	n.s.	3.47 (.59)	3.41 (.69)	n.s.
身体的効果	4.37 (.50)	4.14 (.62)	3.95 (.75)	4.04 (.66)	3.99 (.56)	n.s.	4.02 (.73)	4.07 (.64)	4.05 (.68)	n.s.	3.92 (.75)	4.04 (.74)	4.11 (.56)	n.s.	40.2 (.70)	4.10 (.65)	n.s.
心理的効果	a) 4.32 (.51)	b) 4.12 (.52)	c) 4.02 (.55)	d) 3.94 (.65)	e) 3.66 (.57)	a>e** b>e** c>e*	4.02 (.66)	4.04 (.52)	4.03 (.53)	n.s.	3.88 (.67)	4.07 (.59)	4.04 (.50)	n.s.	3.97 (.59)	4.12 (.54)	*

**p<.01, *p<.05, n.s.：非有意

表6 スポーツ効果因子と属性との関係・スポーツプログラムに対するコーチの評価と属性との関係

スポーツ効果因子・質問項目（アスリートにとってスペシャルオリンピックスでの活動は.）	コーチ活動頻度 mean (SD)						コーチ活動期間 mean (SD)				コーチ研修受講歴 mean (SD)				コーチ区分 mean (SD)		
	週2回以上	週1回	月に1-2回	年に数回	参加していない		短期	中期	長期		なし	1-2回	3回以上		一般コーチ	保護者コーチ	
プログラムの頻度（回数）が多い	2.31 (.87)	2.25 (.87)	2.37 (.80)	2.43 (.63)	2.45 (.74)	n.s.	2.32 (.83)	2.28 (.76)	2.47 (.81)	n.s.	2.14 (.73)	2.36 (.75)	2.42 (.86)	n.s.	2.46 (.75)	2.19 (.85)	**
1回あたりのプログラム時間が長い	2.06 (1.03)	2.2 (.77)	2.18 (.77)	2.50 (.71)	2.32 (.78)	n.s.	2.20 (.86)	2.21 (.73)	2.28 (.77)	n.s.	2.00 (.79)	2.30 (.75)	2.24 (.82)	n.s.	2.38 (.77)	2.01 (.76)	***
コーチの指導方法が合わない	2.29 (1.05)	2.47 (.85)	2.34 (.85)	2.48 (.86)	2.77 (.53)	n.s.	2.56 (.90)	2.24 (.79)	2.52 (.82)	*短>中	2.41 (.82)	2.37 (.87)	2.52 (.82)	n.s.	2.63 (.80)	2.16 (.83)	***
年齢が高くなってきてトレーニングに参加できない	2.53 (1.33)	2.24 (1.04)	2.19 (.99)	2.52 (.97)	2.70 (1.19)	n.s.	2.26 (1.04)	2.16 (.96)	2.58 (1.13)	*中<長	2.02 (.85)	2.31 (1.01)	2.42 (1.12)	n.s.	2.68 (1.0)	1.79 (.88)	***
トレーニングレベルが高すぎる	2.29 (.99)	1.99 (.76)	2.10 (.75)	2.14 (.87)	2.41 (.80)	n.s.	2.14 (.90)	2.07 (.74)	2.13 (.77)	n.s.	1.91 (.80)	2.12 (.80)	2.19 (.80)	n.s.	2.33 (.76)	1.81 (.76)	***
トレーニングレベルが低すぎる	2.35 (1.12)	2.46 (.97)	2.39 (.86)	2.40 (.86)	2.82 (.80)	n.s.	2.46 (.91)	2.45 (.90)	2.41 (.92)	n.s.	2.23 (.91)	2.45 (.85)	2.52 (.97)	n.s.	2.52 (.82)	2.34 (1.02)	n.s.
スペシャルオリンピックスのスポーツルールは厳しい	2.12 (.99)	2.09 (.94)	2.24 (.90)	2.31 (.95)	2.35 (.78)	n.s.	2.24 (.95)	2.18 (.85)	2.20 (.96)	n.s.	1.98 (.81)	2.25 (.96)	2.26 (.91)	n.s.	2.39 (.87)	1.95 (.92)	***

***p<.001, **p<.01, *p<.05, n.s.：非有意

149

の得点が全ての質問の中で最も高く（4.33±.73）、スポーツ場面以外でアスリートの様子に触れることができる保護者ならではの結果が表れている。このことは同時に、スベシャルオリンピックスのスポーツプログラムに参加するアスリートの心理的効果を一般コーチは十分に認識していない、あるいは評価していないということにもなる。コーチ研修などで共有していく必要がある。

（2）一般コーチと保護者コーチのスポーツプログラムに対する意識の特徴

　スペシャルオリンピックスのスポーツプログラムに対するコーチの評価を検討した結果、設定した7項目でコーチの活動頻度（回数）、活動期間、組織内のコーチ研修の受講歴といった比較群のほとんどで有意差はなく（表6）、かつ、全体の得点は低く、現在のスポーツプログラムに対してとくに問題を感じていないという結果が得られた。

　コーチ全体が持つ現状を否定しない均一な意識は安定したスポーツプログラムにつながるものと考えられるが、一方で、第4章で見てきたようにアスリートの新たなスポーツ要求が生成されている中で、それを十分に受けとめない状態で実践に携わっているということも考えられる。今後も意義ある実践を続けていくためには、アスリートのスポーツ要求の実態を把握し、それに応えていくことが求められる。その上で、コーチのスポーツプログラムに対する意識と、アスリートの求めるスポーツ要求とが合致していけるような取り組み、あるいは検証を継続していくことが要請される。

　スポーツプログラムの評価に関する設問「コーチの指導方法が合わない」では、活動期間の短期群で有意に高くなっている（表6）。スポーツ指導のためにボランティア参加してきたコーチの当初のイメージと実際が異なる部分があったものと推察する。これについては、先行研究（田引 2009：241-49）でもボランティアスタッフの「思惑違い」が報告されている。そのため、知的障害児者を対象とする単なるボランティアでもなく、あるいは一般的なスポーツのボランティアでもなく、現在の会員のスポーツ要求に応えられるような研修等

の機会も要請される。このことはボランティアという立場で知的障害者スポーツを支えるコーチ自身の継続性、あるいは離脱の要因に関係する可能性もある。今後、詳細な分析が求められる。

さらに、一般コーチと保護者コーチとの比較では六つの質問で一般コーチの方が保護者コーチよりも有意に高い結果となった（表6）。このうちプログラムの頻度（回数）、時間、トレーニングレベル、ルールなどはスポーツを実施する上である程度の負荷は欠かせないものであるが、それを否定する質問に対して高い得点を与えている。同組織のスポーツプログラムのあり方について一般コーチは、「負荷を求めないもの」と現状では認識していることになる。これは同時に、保護者コーチのほうがトレーニング負荷を求めているということであり、現在行われている実践よりも充実した内容を期待していることを暗示しているということでもある。

この相違の背景には、前述した活動期間の短いコーチの「思惑違い」に見られたように、一般コーチでは知的障害のある人たちのスポーツ要求の実態や関係する課題が正しく認識、あるいは共有化されていないことがあると考えられる。一方の保護者コーチは、障害があるアスリートを日常的に身近に感じていることから、当事者側にあるスポーツ要求を反映しているものと考える。幅広い層を受け入れる同組織の理念を大切にしつつ、スポーツ要求に基づいた実践が求められる。

（3）コーチが当事者のスポーツ要求を把握する意義と課題

障害者スポーツの指導者に関しては、日本障がい者スポーツ協会による認定指導員の養成が1966年から行われてきてはいるが、当初は身体障害者スポーツを対象とした指導者制度であり、知的障害者スポーツが対象となるのは1999年のことである。また、第3章でみたとおり、1990年代半ば以降は社会全体で知的障害者スポーツが認知されるようになり、参加者が増加拡大し、必然的に知的障害者スポーツを支える指導者・コーチも求められるようになる。このよう

な中で、スペシャルオリンピックスのコーチは全国で約5千人（調査時点、スペシャルオリンピックス日本 2014：76）となっており、知的障害がある当事者会員のスポーツの機会の拡大に加え、多くの知的障害者スポーツの支え手を養成、輩出してきている。長年活動を継続している同組織の社会的な意義の一つだといえる。

　一方、現状（会員数の停滞が始まってから現在まで）では新たなスポーツ要求が生成されているにもかかわらず実践評価についてはコーチの活動期間（経験）などに関係なく現状維持という意識であり、さらに、一般コーチは保護者コーチよりもその傾向が強いことが明らかにされた。1994年の活動開始期から地区組織やアスリートの拡大という展開期には、コーチは重要な役割を果たしてきたといえるが、前章と本章での検討結果からはそのあり方を見直す時期にきていることが示唆されている。すなわち、知的障害のある人たちにとっての基本的なスポーツの機会や楽しみの保障ということに加え、競技性の向上にも着目するということである。

　なお、知的障害者スポーツに限ったものではないが、コーチのあり方については既に次のようなことが指摘されている。久保（1999）は、スポーツの指導方法について「指導者の実践から得られた『知』によって、『楽しみ』と『勝利』との両者を実現する『指導方法』が具現したとしてもそれは、この異なる方法へと向かう分岐点の微妙なバランスによって保たれているにすぎない」と述べている。さらに、内山（2013：689）はコーチの本質として、体験知ではなく理論知の実在意義に触れ、「既知の体験だけでは競技者を誰も到達したことのない地平へと導くことは不可能」だと指摘している。スペシャルオリンピックスのコーチが経験知のみでこのままバランスを保ち続けるのには限界があり、バランスがうまく機能しなくなれば会員のスポーツ要求は満たされなくなり、同組織からの離脱、あるいは逆に特定の状態を望む会員だけが残ることにもなりかねない。

（4）小括：今後に向けて

　前身の日本スペシャルオリンピック委員会（JSOC）時代から現在まで、長年コーチとしてスポーツプログラムに携わる井上（明浩）は、「スペシャルオリンピックスのスポーツ参加により何を得ようとしているかは参加者一人ひとり異なる（井上・加藤 2000：17-29）」と指摘している。だれもが参加できる知的障害者スポーツ組織の良い部分を残しつつ、会員のスポーツ要求に基づいたスポーツプログラムを展開することが今、課題となっている。

　そのためには、大切な担い手でもあるコーチは、参加するアスリートのスポーツに対する要求や目的を積極的に把握し、それを達成できる先を見通したスポーツプログラムをこれまでよりも意識していく必要がある。同時に、組織マネジメントとして、具体的で理論的な部分も意識したコーチ養成に努めることが求められる。少なくとも、一般コーチと保護者コーチの間に意識差があることが認識され、それを埋めることがまず求められる。その際には、本研究でここまで述べてきたことではあるが、「参加の機会」と「競技性」に関する検討も併せて行われることを期待する。矛盾するもの、二律背反的とするのではなく、そのことを恐れずに議論するだけでも大きな意義があると考える。

　なお、スペシャルオリンピックスのコーチの固有な課題についても提起しておく。同組織でスポーツプログラムに携わる保護者コーチについては、アスリートのスポーツ以外の生活場面にも触れることができるためスポーツ要求を身近に感じているが、それは同時に「わが子」の要求として個別のものになってしまうことが危惧される。加えて、保護者コーチは送迎も含め当事者会員とほぼ同じ参加頻度であり、コーチ集団として当事者（自分の子ども）と離れて議論をする場がほとんどない、という実態にある。また、一方の一般コーチにとっても、保護者コーチという立場の人たちから情報を得て、アスリートのスポーツ要求の内容や実態を把握することは有用で、それが求められる。したがって、両者がコーチ集団として諸議論をする場、機会の保障が要請される。

1）同組織では障害のある会員が参加するスポーツプログラムを直接的に支えるスタッフを「コーチ」と称している（仲野 2012：143）。
2）このコーチ研修の受講は本人の意思によるもので、受講することが同組織でボランティアとしてコーチの役割を担うことの必須条件とはなっていない。コーチ研修は不定期に行われている。

終章

本研究では、国内の知的障害者スポーツの到達点と今後に向けた課題について、知的障害者スポーツの全国的な組織「スペシャルオリンピックス」を対象に検討を行ってきた。とくにスポーツ要求という視点を採用し、「スポーツに対する一人ひとりにとっての広く多様な意義を受けとめ、応えることがそれぞれのスポーツへの関心や能力を高め、全体的な発展にもつながる」という仮説の検証を主題として検討を行ってきた。併せて、障害者スポーツや一般スポーツのあり方にも問題提起することを視野に入れて作業を進めてきた。

　以下、本章では本研究における仮説の検証を行う。

1　知的障害者スポーツの展開過程の特徴と意義

（1）スペシャルオリンピックスの展開過程の時期区分

　序章では、知的障害者スポーツの到達点と今後の課題を検討するために、知的障害者スポーツ組織「スペシャルオリンピックス」を取り上げることの意義を述べた。そして、スポーツの効果や機能に加え、知的障害のある本人にとっての多様な楽しみ、意義を含めた基本的な要求があるという立場で検討を行ってきた。ここでは第2章から第5章までの検討に即し、あらためて日本スペシャルオリンピック委員会（JSOC）と、スペシャルオリンピックス日本（SON）がどのようにその活動を展開してきたのかを確認する。

　具体的には、1980年代に展開しつつも解散してしまった日本スペシャルオリンピック委員会（JSOC）の活動期を＜前史＞として、①前史を引き継ぎ形成された組織活動の理念・使命を確立する「創生期」、②それに基づく展開で全国に都道府県単位の拠点（地区組織）を設けるに至った「展開期」、③それ以後の新たな課題が顕在化してきた「停滞期」という三つの時期区分について述べる。

①創生期

＜前史＞

1980年代の約10年にわたる日本スペシャルオリンピック委員会（JSOC）の活動は、①特別支援学校や福祉施設などの所属や組織体を越えたスポーツ、大会への参加という体制を作り、②そのために必要なスポーツの概念やルールの共通化・共有化をすすめてきた。そしてそれらは、③公的に実施される「全国知的障害者スポーツ大会（ゆうあいぴっく）（筆者注：第1回大会1992年、名称を変え現在まで続いている）」に結実してきている。

日本スペシャルオリンピック委員会（JSOC）はアメリカで創設された国際的な活動を参考にしつつ、④知的障害者スポーツのあり方について、当事者や関係者の実態や要求を考慮し、地域の実情にも合わせてだれもが参加できるようにという基本方向を提示してきたといえる。

しかもこれらのことが、⑤公的補助がほとんどない中で、また、第1章1（1）でみたような「競技化・高度化」も含めた身体障害者を中心とした障害者スポーツの進展とは異なる形で、参加を広げることを独自に自主的に追及してきている。

＜創生期＞

日本スペシャルオリンピック委員会（JSOC）は解散するが、①その理念に共感する人たちにより熊本県を中心に活動は続けられ、1994年11月には新しい組織「スペシャルオリンピックス日本（SON)」が設立される。

新組織は、②前身の日本スペシャルオリンピック委員会（JSOC）の「だれもが参加できるように」という考え方を受け継ぐとともに、「とくに地域でのスポーツの広がりを重視」した基本方針と、③序章1（2）で紹介した特徴的なルール等の運営方針を確立することになる。

②展開期

新たに再編されたスペシャルオリンピックス日本（SON）はその基本方針等のもと、①2009年には全国すべての都道府県に活動拠点（地区組織）を設け、

また、知的障害のある会員（アスリート）が7,800人を超えるなど、知的障害者スポーツを代表する組織となる。地域スポーツに加え、4年ごとに夏季・冬季の全国大会の開催と世界大会への選手派遣など、独自な展開を創造している。

　なお、こうした展開の背景には、障害者スポーツ施策の充実化や社会的な関心の高まりということもあったが、同組織の運営のあり方は依然として、②国の施策の影響をほとんど受けることなく財政面においては寄付協賛金を中心としたものであった。

③停滞期

　2010年頃から、スペシャルオリンピックス日本（SON）のアスリート数は停滞することになる。とくに年齢別データがある2011年以降でみると8歳から21歳の若年層が減少しており、対照的に22歳以上のアスリートは増加している。その結果、①若年層の新規参加が少なく、かつ、既存会員の継続参加により全体の年齢構成が高まる形となっている。ただし、②アスリート数が停滞するような組織運営上の問題は見当たらず、さらに社会サービスなどの外的要因の影響もない。同組織における発展途上の課題として、新たなスポーツ要求が生成されていると考えられた。

　そして会員調査で明らかになったことであるが、③それまではほとんどみられなかった「競技性の向上」という新たなスポーツ要求が生じてきており、この新たな要求にどのように応えていくのかということが現段階の課題として提起されている。

（2）展開過程から示される教訓と今後の課題

　このようなスペシャルオリンピックスによる知的障害者スポーツの展開過程の特徴から、次のような教訓と今後の課題の性格が示される。

①参加の広がりに応える基本方針

　創生期の＜前史＞段階では、だれもが参加できる、あるいは学校や福祉施設以外の人とも楽しめるスポーツの機会として、スペシャルオリンピックス国際本部の基本的な考え方を取り入れながら、公的な支援がほとんどない中で自主的な取り組みが始められている。

　その際の特別支援学校の教職員の議論では、限定的なスポーツへの懸念と対外的なスポーツを求める要求がみられ、しかし一方では対外試合やそれにともなうルールなどの共通概念化が参加の制約や排除につながりかねないことが認識されている。1980年代に展開された日本スペシャルオリンピック委員会（JSOC）によるスポーツについて、初期の段階からだれもが参加できるようにと、そのあり方が模索されていたことになる。

②スポーツ要求に応えた広がりを第一とした自主的な組織拡大

　続く創生期でその考え方を確立し、さらにそれをもとにした展開期には全国で活動拠点（地区組織）の整備が進められ、スペシャルオリンピックスの固有のルール等（序章１（２））によるスポーツが、公的補助もほとんどない中で全国的なものへと拡大していくことになる。その過程での議論などを含めた歴史的な検証は今後の課題であるが、統一的な基本方針、すなわち①だれもが参加できる（障害の軽重にかかわりなくという考えは当初からあったが、ここでは所属や組織に関係なく）ということに加え、②だれもが楽しめ、充実感が得られるルール・運営方針等（能力に応じたスポーツ、予選落ちはなく全員表彰、上位大会への進出方法など）が、多くの人たちの多様なスポーツ要求に応えられるようなもの（ここでは「普遍性」とする）であったからこそ展開が進められたと教訓化したい。

　なお、これらはスペシャルオリンピックス国際本部（SOI）の考え方をもとにした日本での創造的な具体化であり、かつ、先行する身体障害者スポーツがある中での自主的な創造でもある（その意義は後述）。

③量的拡大を図る取り組みで生成されてきた新たな競技力向上への要求

　そして今、普遍性が整備され広がる中で新たな競技性への要求が作り出されてきている。既述のとおり、スペシャルオリンピックスのアスリート数は2010年頃から停滞している。しかし、内部に何か問題があったというわけでもない。新組織に移行して以来の、地域での日常的なスポーツプログラムを重視するという姿勢や運営方針等は問題なく続けられている。夏季冬季のナショナルゲーム（全国大会）も定期的に開催され、競技・種目数も拡大してきている。さらに、外的要因があったわけでもないと実証してきた。

　つまり、多様なスポーツ要求に応えられるルールや運営が自主的に育まれる中で量的な広がりと蓄積が図られ、その拡充、発展の過程から競技性という新たなスポーツ要求が生成されてきたということになる。

（3）スペシャルオリンピックスの到達点がもつ社会的意義

　このようなスペシャルオリンピックスの展開の意義として次の点をあげておく。まず第一に、知的障害のある人にとってのスポーツを特別支援学校や福祉施設を越えた対外的なものへと変容させたことにある。国内ではまだ知的障害者スポーツが広く認識されていなかったにもかかわらず全国的な大会を実施し、多くの参加者を集めている。同時に、スポーツの概念やルールの共通化・共有化にも貢献している。その原動力は当事者側の「スポーツ要求」であり、仮にこのときの関係者がスポーツ要求を受けとめていなければ、あるいは、その対応が否定的なものであればその後の展開は異なったものになっていたと考える。

　第二の意義は、これらを受け継いで地域スポーツを重視した活動を展開し、知的障害のある人にとってのスポーツの一つのあり方を確立する全国的な組織となり、その到達点を築いてきたことにある。とくに「地域でのスポーツ参加の広がりを重視する」という基本方針とルール等により、特別支援学校や福祉施設などの所属や組織体に関係なく、地域でだれもが継続的に参加できるス

ポーツ体制を構築してきている。また、実証はまだ十分ではないが、全国大会に多くのボランティアが参加[1]するなど、社会の認識を変え、知的障害者スポーツの位置付けと当事者にとっての意味（新たなスポーツ要求の生成など）を変えてきている。

　第三の意義として、当事者のスポーツ要求に応えようと独自の展開を創造してきたという点もあげておく。身体障害者スポーツと比べれば遅れて展開したことは事実ではあるが、単に追随や模倣ということではなく、さらに公的な制度による補助等も十分でない中で、競技性を意識した新たなスポーツ要求を作り出してきている。遅れて出発した中での活動であったが、現代における一般的なスポーツの課題、すなわち、参加の広がりと競技性の向上という矛盾と、統一的発展方向を模索する必要性に直面してきている。このような到達点から、知的障害者だけではなく一般スポーツの現代的課題を提起できるまでになっているという意義もある。

　これに関連して第四の意義として、同組織の展開のあり方も押えておきたい。直接的に知的障害のある人たちのスポーツ要求の内容とは関係しないものの、同組織の発展過程には、自身の掲げてきた理念等を守りながら自主的・自律的な組織活動を展開、継続する一つの形が示されている。とくに外部からの介入に抗してということではなく、また、一般化とまでは言えないが、自主的・自律的なスポーツ活動や組織運営の蓄積として、あるいはそれに基づいた今後の発展、改革への根拠として参考にできる部分が含まれている。

　さらに言えば、同組織の展開は知的障害者スポーツの研究の蓄積においても意味がある。第1章でみたように、知的障害者スポーツに関する研究では各論として述べられたものが多いが、今後、知的障害者スポーツの、あるいは障害者スポーツの発展のためには、基本となる視点をもとにした知見や議論が求められる。同組織の展開や動向は、初期の頃から現在まで一貫した基本方針のもとで、また、同一の組織でスポーツの実践や運営マネジメントを積み重ねており、共通基盤による研究、あるいはそれをもとにした各論の検討が可能となる。

（4）スペシャルオリンピックスの到達点がもつ理論的意義

　これらを総合すると、スペシャルオリンピックスにおける知的障害者スポーツの展開は、知的障害者スポーツを「特別なものではない」ものとして、当事者にも社会にも影響を与え、位置付けたといえる。それは第１章で見たような先行するものへの同化や追従、あるいは外圧や広くスポーツの世界で用いられている基準や価値観を意識したものではない。また、障害者スポーツの新たな価値、すなわち個々に合わせたスポーツ（＝アダプテッド・スポーツ）とは若干異なるもので、一人ひとりを大切にするという基本的性格を保障しながらもスポーツとしてのルールや競い合い、条件は残している。個々の要求に則った展開であり、対立するのではなく自らのスポーツ要求を肯定的に受けとめながら広がってきている。

　そして、この到達点は序章２（２）でみたように文化や基本的な権利と捉えられるようにもなる。知的障害のある人たちにとっての文化について立岩（2002：60）は、知的障害はたんに機能としてできることが少ないことではなく、生きる様式の違い、違うように世界を生きることだとして、「そこにある共通性が生ずることがあるだろう。共有されたその行動の様式等々は他から区別できるものであったりする。とするとそれを文化と呼んでもよいかもしれない」と述べている。スポーツへの参加という共通の要求を受けとめ、固有の発展を遂げてきた同組織の取り組みが、知的障害のある人たちが生きる世界の一つの「文化」として形作られてきたと考える。

　また、三本松（1988：25）はスポーツを文化として捉える場合にそれを成すものとして、①社会における人間とスポーツをめぐる「スポーツ観」、②スポーツ技術、戦術・戦略やスポーツ規範から成り立ちスポーツ行動に秩序や合理性を与える「スポーツ行動様式」、③現実のスポーツ行動が生起するうえで必要不可欠な条件であるスポーツ施設・用具・衣服・言語等の事物「スポーツ物的事物」といった三点を示している。

これについて本研究での結果をみてみると、第1章でみた日本スペシャルオリンピック委員会（JSOC）による全国大会について、当初消極的であった周囲の意識は前向きなものへと変容したことが明確で、加えてそれ以降の展開にともなう社会全体での知的障害者スポーツの認識の高まりは「スポーツ観」に相当するものと考える。また、当事者・関係者によるスポーツ概念やルールの共有化、新たに作り出されてきた競技性へのスポーツ要求は「スポーツ行動様式」にあたる。さらに、新組織であるスペシャルオリンピックス日本（SON）による全国的な活動拠点などの整備は、日常的に地域スポーツを行うための「物的事物」に相当する。1980年代前半からのスペシャルオリンピックスの展開は、「文化」として成立する条件をゆるやかに整えてきたといえる。

　一方、詳細なデータは確認できないものの、現在、同組織の全国のアスリート約8千人のうち、一般のスポーツクラブや競技会等にも登録・参加しているものが一定数いることがわかっている。一般クラブや競技会に参加する障害程度や競技レベルにある会員ではあるが、だからといってスペシャルオリンピックスを退会するわけでもない。競技能力をもってしても、一般クラブでは充足できないものが同組織にはあると考える。

　立岩は前掲書で「その人たちの間でそのことに関わる共感や、共有しているものに対する帰属意識といったものが生ずる」「共感や帰属意識は多くの人にとって心地よいものだから、それが存在し存続することは好ましいことだと言うこともできる」と述べている。共通する要求を持つ集団で自主的に活動するスペシャルオリンピックスは、知的障害のある人たちにとっての文化の一つとしても存在意義があると考える。

2　スペシャルオリンピックスの展開過程がもつ特徴の研究的意義：スポーツのあり方への問題提起

　以上のようにスペシャルオリンピックスの展開過程と到達点、および社会的意義に関する検討から、（1）だれもが参加できるように広がりと継続性を追求

した活動が競技性を高める要求を生成し、(2) その両者を統一的に発展させることが求められている、ということを述べてきた。これらは、序章でみたスポーツの「競技化・高度化」といった一般スポーツが抱える問題とも関係する。次の点をスポーツのあり方への問題提起としてあげておく。

(1) 取り残された部分の自主的な創造過程のもつ意味（知的障害者スポーツの展開の特徴）

　知的障害者スポーツは、当初、特別支援学校や福祉施設での諸活動の一部として行われ、社会的な広がりという点では一般のスポーツや身体障害者スポーツと比べて遅れていた。その遅れに対しては、本研究でみてきたように自主的に展開しなければならない状況で、さらにそれは、スポーツを「だれでも」、「どんな人とでも」といった最も基本的な部分から取り残された人たちにも保障していく取り組みにならざるを得なかったということである。

　したがって、ここまでみてきた「その願いを実現することを第一に、自主的につくる」という知的障害者スポーツの展開における努力は、「だれもが参加できる」というスポーツ本来のあり方に問題提起できる取り組みでもある。遅れて出発したからといって先行するものをそのまま求めるわけではなく、先行したものから取り残された人たちの要求にも応えて創造してきたということである。当事者の実態とその要求に基づいたスポーツのあり方は注目すべきで、本研究ではこのような知的障害者スポーツにおける展開過程をスポーツの原初的な取り組みの教訓として捉え、提起する。

　また、第1章1でみたように先行研究による障害者スポーツに関する諸問題では知的障害者はほとんど議論の対象となっていなかった。ここでの検討はこういった研究における「遅れ」や「取り残された」状況に対しても意義があったものと考える。

　なお、以下でさらに三点を示すが、これらは知的障害者スポーツの到達点からの問題提起にならざるを得ない[2]。

（2）スポーツ要求のとらえ方

　序章2（2）1、第1章2（1）でみたように、一般スポーツや障害者スポーツに関する先行研究においては、多様性、平等性、あるいは多元的に捉える、といった新たな価値が提起されてきている。それをふまえた上で、本研究では普遍性を重視する取り組みの中から競技性が生じ、さらにそれを保障する取り組みへ、と述べてきた。当事者の要求が、知的障害者スポーツの、あるいは知的障害者スポーツ組織の社会でのあり方や関係に変容を求めているものと考える。これまでほとんど認識されてこなかった知的障害のある人たちにとってのスポーツ要求をとらえることの意義で、また、外的要因がほとんどない知的障害者スポーツの中で「競技性への要求」が生じてきたことは、普遍性と競技性の矛盾といった先行する一般スポーツ、障害者スポーツの課題に対して重要な提起となる。

　スポーツ要求の本来的なものは「参加」や「楽しみ」といった誰もが持つものであり、「競い合い」という要求はその前提があってこそ表出されるものだと考える。人間の生存に重要な一つ、あるいは基本的人権の一つに位置付けられる権利としてのスポーツ要求の保障は、普遍性に由来したものととらえるべきである。

　また、知的障害のある人にとって意味あるスポーツとして成り立たせるためには当事者本位の活動でなければならず、そのためには当事者のスポーツに対する想いに応える必要がある。それは、他者（「外」）から見たスポーツの意義や効果、あるいはそれに基づく政策主導による環境整備というものではなく、当事者のリアリティから導き出されなくてはならない。ただし、外的要因に関係なく「内」からということだけに焦点をあてると、「外的要因に抗して、あるいは関係性の中で自主的・自律的なものを作り上げる、守る」という経験をしないという点で制約となる可能性はある。

（3）普遍性への要求と競技性への要求

　ここまでは普遍性と競技性の両者を矛盾するもの、対立的なものと捉えるのではなく、普遍性を原則として、その発展の一つとして競技性にも応えていく必要があると述べてきた。実際のスポーツ場面における具体的なスポーツ要求では、当事者の様々な生活状況、文化状況を反映して多様な願いや想いが込められているはずである。それに応えるためにどのようなスポーツのあり方が合うのか、作っていくのかということについては、当該要求の主体者、関係者による自主的、具体的な議論が欠かせない。

　その場合、参加の普遍性と競技性という一見対立的な両者に加え、多様な要求を統一的に保障するような解を見出すことは容易ではないだろう。しかし、ここで述べているのは、外圧による課題ではなく自らの取り組みの中から生成された新たな要求への対応である。自主的、自治的な議論による解決が期待される。権利としてのスポーツ要求を実現するのであれば公的な保障の引き出しも必要であるが、それよりも実際のスポーツ要求に応える運営や方向性を自主的、自治的に議論する組織体制や力量が求められる。新たに確認されたスポーツ要求を受けとめ、それをもとにしたあり方を議論することこそ重要である。

（4）自主的・自律的なスポーツ組織活動

　これまでみてきたように知的障害者スポーツ（少なくとも本書で対象としたスペシャルオリンピックス）は自主的に展開してきており、外部からの介入、干渉に大きな影響を受けて形作ってきたというものではない。基本的には「内」からの自主的・自律的な取り組みであり、その中で問題提起できることもある。とくに、実践現場において直接的にスポーツに携わるコーチ・指導者のあり方に関して、である。

　スポーツに必要な価値観やルールを内面化する社会化、あるいはスポーツの

社会化には「重要な他者」が関与することになり（ケニヨン 1988：331-341）、障害のある、なしにかかわらずスポーツに人的環境の整備は欠くことのできない要件となる。本研究が対象としたような自主的な組織の活動であってもコーチにはスポーツ要求に基づいた役割が期待される。繰り返しになるが、競技性はだれもが参加でき、だれもが楽しむことができるスポーツ環境の中でこそ育つ。また、知的障害者スポーツのあり方そのものが次の段階を視野に入れつつあり、さらに、組織として自主的、自治的に対応すべき課題が提起されている。実践に携わるコーチにもそれに基づいた位置付け、意味を考えていくことが求められる。

　当然ながら、知的障害者スポーツのコーチ・指導者には、参加者の技能の到達に合わせた指導という役割があるが、それだけでは十分とは言えない。参加者一人ひとりにはそこに至る生活状況から発せられるスポーツ要求があり、あるいは他の参加者たちのスポーツ要求と相互に影響し合う中に存在する要求がある。したがってコーチには、「参加者一人ひとりに込められたスポーツ要求を把握する、吟味するという専門性」も求められることになる。また、このような専門性は、意識的に担保され、客観的に議論する場を保障していくことも不可欠である。加えて、知的障害者スポーツの実践現場においては本研究でみてきたように当事者の参加を引率する保護者等がコーチ・指導者という立場となることもある。このような場合、本人が望むのであればコーチという位置づけを明確にすることも求められる。

　さらに、これらを外部からの介入や影響に対しては自治的に、そして内部においては個々人ではなくコーチ・指導者という集団・階層として自律的に議論する体制作りが求められる。参加者のスポーツ要求への実現を第一とするコーチ集団、家族等の集団、応援の集団等の対等な関係作りも検討していくことが要請される。序章 2（1）では、「誰によって、何が必要とされ、誰が決定するのか」ということもふまえた運営組織の必要性に触れたが、ここでの検討結果は、スポーツ要求に応える自主的・自律的な組織的活動に必要な関係性の原理や基本的性格を示していると考える。

なお、スペシャルオリンピックスのような参加を重視するスポーツ組織においては、コーチ自身にとっても、だれもが参加できるという普遍性が基本であることには変わりはない。知的障害がある当事者会員に競技性への要求が生成されてきたからといって、競技指向を持つコーチ、あるいは意識や態度が優先的に求められるわけではない。だれもが参加し、楽しめるという原則はコーチにもあてはまることを忘れてはならない。

3　知的障害者スポーツ論の構築に向けて

　本章ではここまで、スポーツ要求という視点での検討結果をふまえ知的障害者スポーツの展開過程の特徴と意義について考察し、また、問題提起をしてきた。ただし、現段階においては新たな要求として競技性の向上があるということと、それがこれまでの自主的な普遍性の追求の中から生成されてきたということしか実証していない。したがって、仮説として「普遍性」と「競技性」は統一的に保障すべきと述べてきたが、具体的な内容までは提言できない。以下では、それに向けた議論のあり方を課題として示す。

　普遍性と競技性については、すでに一般スポーツや障害者スポーツでその両立の問題が指摘されているが（第1章）、本研究で見てきた限り両者は矛盾するものではない。なぜなら、新たに生成された競技性への要求は、別のものとして外から持ち込まれたのではなく、一方向から発展的に生成されたものだからである。見方を変えれば、それは普遍性の延長線上に位置している、ということになる。

　また、スポーツ要求の検討（第4章）では、知的障害のある当事者会員からは、競技性の要求が生じてきてはいるが、商業化や勝利至上主義、記録中心の組織への質的転換を求めるようなものはみられなかった。このことは「普遍性の追求」という基本方針を質的に変える必要はないということでもある。すなわち、ここで示唆されていることは、「競技性の向上」という要求は普遍性の追求に

よる量的な発展過程から生成されたものであり、両者は対立するものでなく、普遍性を原則にその上で新たな要求にどのように応えていくのか、という議論方向の必要性である。一つの知的障害者スポーツ組織の展開を見てきた限りではあるが、両者を異なる次元として捉えるのではなく、統一的に保障するあり方を議論の前提としていくことが求められる。

そのためには、競技性への要求に込められた具体的な内容を検討することがその出発点となる。第2章では「対外試合」に込められた多様なスポーツ要求があり、それらに応えるルールや運営方法、参加のあり方が模索されてきたことを確認したが、「競技性の向上」についても同様に議論される必要がある。併せて、これらの議論は、組織の取り組みの発展から生まれた課題であり、外部からの介入ではなく自治的な検討が期待される。

知的障害者スポーツの研究蓄積は、コーチや関係者、運営に関するマネジメント的なもの、特別支援教育での各論や個々の実践方法に関するものが多く（第1章3）、当事者のスポーツ要求に基づいた原理的な、あるいはそうした視点から各論のあり方を検討する先行研究はほとんどみられない。その中で本研究は、当該分野の研究の各論を貫き共通する基盤となる、あるいは各論をさらに深化させていく一つの方法として、当事者のスポーツ参加に込められた願いや想い、要求に着目していくことの意味を示せたものと考える。

4 残された課題

本研究では知的障害のある人たちのスポーツ要求という視点を採用し、スペシャルオリンピックスの展開過程と関係者への調査分析から、日本の知的障害者スポーツの到達点に関する検討を行ってきた。最後に、研究の限界と今後の課題として以下の点を示しておく。

まず一点目に、本研究で何度も触れているように国内の知的障害者スポーツは、身体障害者のものと比べて遅れて展開を始めてきたが、なぜ障害種別で差

異が生じたのか、また、それに関する今後の研究や実践における具体的な方向性までは示せていない。加えて、高度化や競技化について、それが障害者スポーツの組織や当事者・関係者と具体的にどのような影響関係にあるのか、あるいは、障害者やスポーツをとりまく全体の動向との関係の中で今後どうすればいいのか、ということまでは示せていない。

　二点目として、現在全ての都道府県にあるスペシャルオリンピックスの地区組織の中で、今回は一部を抜粋して調査を行っている。各地区組織の運営体制は、公益社団法人やNPO法人、さらには任意団体までさまざまであり、その設立に至る経緯や運営上の事情も異なる。地域における展開過程の研究と、その集約としての全国的展開の研究が今後の課題としてあげられる。また、社会的背景、地域社会との関係についても詳細に分析していく必要がある。

　三点目に、同組織の停滞期における会員のスポーツ要求の調査では、同組織からの離脱者までは検討できていない[3]。現状維持では充足しきれない新たな要求がここには明確にあると推定される、今後の重要な課題である。

　四点目として、本研究ではスポーツ要求に多様な願いや想いが込められているとして検討を行ってきたが、その要求の充足、実現に関する測定項目や方法の充実化が要請される。第4章と第5章でみたスペシャルオリンピックスでの効果等の調査分析では、先行研究を中心に質問を設定したものの、スポーツ要求、あるいは新たなスポーツ要求という視点が反映されていない。これをふまえ、今後はさらに多様な側面をふまえた内容[4]、評価方法を用いることが求められる。今後の課題としたい。

　最後に、今回の研究では知的障害者スポーツに関する資料やデータが十分に蓄積されていない部分があることに気づかされた。そのこと自体が限界であり、同時にそれはその中で展開してきた本研究の限界でもある。今後、詳細な議論を展開していくうえでも、また、実践上の普及・振興のためにも一つひとつの基礎資料を整え、蓄積していく必要があると考える。

　社会はいま、東京オリンピック・パラリンピック（東京2020）を機にスポーツ推進の潮流にあり、制度政策の整備に加え、全国で関連イベント・事業が行

われている。メディアでスポーツや障害者スポーツを目にする機会も増え、加えて、さまざまな形で教育にも用いられている。当然、そこには知的障害者スポーツも例外なく含まれており、今後、一層の普及・振興に向けて実践とともに、研究等においても活発な議論が展開されるものと予想される。その際、実態調査、コーチ論、組織論などとともに、権利としてのスポーツ要求を実現するための課題も検討されることを期待する。その一部として、本研究が知的障害のある人たち、スペシャルオリンピックス、並びに、その関係者を含んだ知的障害者スポーツ全体にとって有益なものとなれば幸いである。

注

1）具体的には、2014年に行われた「2014年第6回スペシャルオリンピックス日本夏季ナショナルゲーム・福岡」では、延べ4,868名が、2018年の「2018年第7回スペシャルオリンピックス日本夏季ナショナルゲーム・愛知」では、3,800のボランティアが参加している（スペシャルオリンピックス日本ホームページ、http://www.son.or.jp/、参照日2019-3）。

2）第1章1（1）でみた障害者スポーツに対する研究動向は、障害者スポーツの基本的なあり方を問うものであるが、知的障害者も含めた障害者スポーツ研究とする上では不十分さがあり、かつ、今後の検討課題も提起してきた。しかし、筆者もその作業は未だ行っていない。したがって、障害者スポーツ（一般スポーツも含む）のあり方に関する問題提起は、知的障害者スポーツ研究からの問題提起でしかないと言わざるを得ない。

3）田引他（2015）が同組織からの休止、離脱の研究を行っているが、回答数が少なく今後の課題だとしている。

4）小倉（2018）はスペシャルオリンピックスの課題と問題点として、参加したことによる自尊心や社会性の向上が同組織でのスポーツによるものなのか、詳細な決定要因の分析にまで及んでいるものがほとんどとみられないことに触れ、加えて、「活動の内容ないし側面に踏み込んだ因子分析」「健常者のスポーツ活動との連動あるいは連結の是非の分析」などをあげている。

あとがき

　ここまで本書では、知的障害者スポーツ組織「スペシャルオリンピックス」のアスリートに、新たに「競技性」というスポーツ要求が生じてきていることを述べてきた。また同時に、組織運営や実際のスポーツ場面においてもそれを意識する必要があることを指摘してきた。

　これに対して、スペシャルオリンピックスでは「ユニファイドスポーツ®」という新たな取り組みで応えようとしている。ユニファイドスポーツ®とは、知的障害のある会員と、ない人（筆者注：同組織では「ユニファイドパートナー、またはパートナー」と称している）が、チームメイトとして一緒に日常のスポーツプログラムや大会・競技会に参加する形態のスポーツである（スペシャルオリンピックス日本 2019）。考え方として以前からあったものを、「スポーツルール総則」を改訂するなど取り組みやすい形に修正し、2012年から積極的に導入を始めている（渡邊 2017: 68）。また現在では、「世界のスペシャルオリンピックス活動の主流は、ユニファイドスポーツ®になりつつある（同書: 75）」とされている。

　このユニファイドスポーツ®には、「ユニファイドスポーツ・コンペティティブ」「ユニファイドスポーツ・プレーヤーデベロップメント」「ユニファイドスポーツ・レクリエーション」という三つのモデルがあり、このうち「ユニファイドスポーツ・コンペティティブ」が競技性の高いモデルとなっている。その

効果や意義、課題などは今後検証していく必要があるが、本編で展開してきた「競技性」へのスポーツ要求を受けとめることが可能となっている。各モデルの特徴を表1に示す。

表1　ユニファイドスポーツ®の三つのモデルと特徴

三つのモデル	特徴
ユニファイドスポーツ・コンペティティブ	・競技性の高いモデル ・スペシャルオリンピックススポーツルールに従う（必要な競技スキルや戦略を身につけておく）
ユニファイドスポーツ・プレーヤーデベロップメント	・高い競技能力を持つプレーヤーが、競技能力の低いチームメイトの技術や戦略を上達させることを補佐しながら、ユニファイドスポーツ・コンペティティブを目指すモデル ・チームメイトが同程度の競技能力であるということに関する条項を除き、スペシャルオリンピックススポーツルールに従う
ユニファイドスポーツ・レクリエーション	・アスリート（筆者注：知的障害のある会員）とパートナーのための包括的なレクリエーションの機会のためのモデル ・社会参加や競技能力、知識の向上を推進するもので、学校や地域のクラブ、公私問わずさまざまな場所で開催できる ・ルール、組み合わせの制限はない

スペシャルオリンピックス日本（2019）、渡邊（2016,2017）をもとに作表

　なお、国内でのユニファイドスポーツ®の展開については、全ての地区組織に導入されているわけではなく、またパートナーの分類や参加のあり方、通常のスポーツプログラムとのすみ分けなど、まだ試行的な側面もある。そのため、本編ではなくここで触れている。

　スペシャルオリンピックスの会員数について同組織のホームページを見てみると（https://www.son.or.jp/、2020年6月参照）、2017年末のアスリート数は8,250人、2018年末が8,480人、2019年末では8,605人となっている。本書では同組織のアスリート数は2010年頃から停滞していると述べてきたが、この3年は緩やかではあるものの再び増加に転じていることになる。その要因の一つとして、ユニファイドスポーツ®という新たな取り組みが関係している可能性がある。

今後、検証していく課題でもある。

　また、スペシャルオリンピックスには重度の身体障害を重複するなど、公式スポーツプログラムに参加が困難な会員向けの運動機能向上を目的としたプログラム（筆者注：同組織ではMATP= モーターアクティビティーズ トレーニングプログラムと称している）や、就学期前後の知的障害のある子どもを対象とした活動（筆者注：同組織では、ヤングアスリートプログラム[TM] と称している）がある。これらも参加者のスポーツ要求や会員動向にどのように影響、関係しているのか引き続き検証していく必要がある。健康増進プログラムや、学校連携プログラムも同様である。

謝辞・付記

　まえがきでも述べたように、本書は立命館大学大学院社会学研究科に提出した博士論文「日本の知的障害者スポーツの到達点と課題—スペシャルオリンピックスの展開と参加者の意識調査分析を通して—」がもとになっています。研究の背景には、筆者自身のスペシャルオリンピックスでの活動があります。その意義を実感し、自身も影響を受け、そして今後のことにも期待しています。もう20年以上携わっていますが、こんなにも長く続けられたのも多くの仲間がいたからだと思います。仲間というのは、スペシャルオリンピックスのアスリート、その家族、コーチ、ボランティア、まわりでさまざまな形で応援してくださっている方たち、すべてを含みます。本編で述べたように本当に自主的な活動で、いろいろなことを学ばせていただきました。全国のスペシャルオリンピックス関係者のみなさま、ありがとうございました。研究をまとめる上でも多くの方々にご協力、ご支援をいただきました。

　その中で、筆者の個人的な研究への関心にていねいに応えてくださり、また、ときには共同研究者としてともに活動してきた、公益財団法人スペシャルオリンピックス日本（SON）の渡邊浩美さん、スペシャルオリンピックス日本・宮城（SON宮城）を中心に活動する仲野隆士さん（仙台大学）、同じく広島や山口（SON広島、SON山口）を中心に活動する松本耕二さん（広島経済大学）にもあらためて感謝申し上げます。長年の経験をもとにした、あるいは今後を見通した多くの助言やアイデアをいただきました。本書の大きな柱となっています。

　また、関東学院大学名誉教授の鈴木秀雄先生、スペシャルオリンピックス日本・大阪（SON大阪）の井上幹一さんには、日本スペシャルオリンピック委員会（JSOC）時代の貴重な資料とともに、当時のお話を聞かせていただきました。いずれも本書の

完成には大きな意味を持つものです。この他、調査等においてはスペシャルオリンピックス日本（SON）事務局、関連地区組織のみなさまにも多大なるご協力をいただきました。ありがとうございました。

　そして、博士論文執筆の際には、主査である立命館大学の峰島厚先生に言い表すことができないほどのご指導をいただきました。当初、大まかなイメージだけでその方向性さえも定まっていなかった私に、「当事者の願いや想いに着目する」ことの大切さを教えてくださり、また、研究対象に近づきすぎた見方をしてしまう場合や、なかなか筆が進まないときには心配しつつペースメーカーとして一緒に伴走してくださいました。同様に、山下高行先生、市井吉興先生も勉強不足の私に最後までお付き合いくださり、社会学としてのとらえ方、考え方を教えてくださいました。さらに、研究科の諸先生からも完成に向けた助言等をいただきました。おかげさまで一つの形にまとめることができました。深く感謝申し上げます。

　併せて、社会学研究科をはじめとする立命館大学のみなさまには、論文提出と本書の出版に関してさまざまな面でおせわになりました。また、本務校である北陸学院大学ヘッセル記念図書館のスタッフにも資料検索、収集などで大変おせわになりました。ありがとうございました。関連学会の学会員のみなさまにも、研究に関する多くのご指摘、助言をいただきました。どれも研究の遂行と本書の完成には欠かせないものです。

　そして、かもがわ出版の吉田茂さんにも感謝申し上げます。博士論文の出版という大きなチャンスを与えてくださり、加えて、何の経験もない筆者に完成に向けた助言、提案などていねいに対応していただきました。このご縁がなければ本書は出版されませんでした。ありがとうございました。

　なお、本書の出版では「立命館大学大学院　博士論文出版助成制度」による助成を受けています。また、第4章、第5章での調査においては、JSPS科研費（基盤C21500611, C24500765）の助成を受けています。ここに記して謝意を表します。

田引　俊和

文献

荒井弘和・中村友浩 (2006)「知的障害のある者の親における定期的な運動習慣とメンタルヘルスの関連」『障害者スポーツ科学』4（1）, 47-52.

荒井弘和・上田暁史 (2008)「知的障害のある者とその親が参加したアダプテッド・スポーツプログラムの恩恵と負担の探索的検討」『障害者スポーツ科学』6（1）, 33-39.

Bradshaw (1972) "A Taxonomy of Social Need", Problems and progress in medical care: essays on current research, 7th series. Oxford University Press, London, 71-82.

ベンクト・ニィリエ (=1998, 河東田博・橋本由紀子・杉田穏子訳編『ノーマライゼーションの原理：普遍化と社会変革を求めて』現代書館.)

ベンクト・ニィリエ (=2000, 河東田博・橋本由紀子・杉田穏子・和泉とみ代訳編『増補改訂版ノーマライゼーションの原理　普遍化と社会変革を求めて』現代書館.)

中央法規出版編 (2010)『五訂社会福祉用語辞典』中央法規出版.

第5回日本スペシャルオリンピック東京地区大会実行委員会 (1988)「第5回日本スペシャルオリンピック東京地区大会プログラム」.

第1回JSO全国大会実行委員会(1981)「第1回スペシャルオリンピック全国大会プログラム」.

第6回精神薄弱者スポーツ全国大会実行委員会 (1990)「第6回精神薄弱者スポーツ全国大会実行委員会 (スペシャルオリンピック全国大会) プログラム」.

遠藤雅子 (2004)『スペシャルオリンピックス』集英社新書, 112-138.

Farrell, R. J., Crocker, P. R. E., McDonough, M. H., and Sedgwick, W. A. (2004) The Driving Force: Motivation in Special Olympians. Adapted Physical Activity Quarterly, 21（2）, 153-166.

藤田紀昭 (1999)「スポーツと福祉社会—障害者スポーツをめぐって」井上俊・亀山佳明編『スポーツ文化を学ぶ人のために』世界思想社.

藤田紀昭 (2003)「身体障害者施設における運動・スポーツの実施状況に関する調査研究：障害者に対する運動・スポーツプログラム普及のための基礎的資料」『障害者スポーツ科学』1（1）, 64-72.

藤田紀昭 (2013)「障害者スポーツの地平」日本スポーツ社会学会編『21世紀のスポーツ社会学』創文企画, 124-139.

藤田紀昭 (2014)「障害者スポーツの過去、現在、未来」『生涯発達研究』7, 7-17.

藤田紀昭 (2016)「障がい者スポーツの意義」日本障がい者スポーツ協会編『新版　障がい者スポーツ指導教本　初級・中級』ぎょうせい.

藤原進一郎（2004）「アダプテッド・スポーツ発展の社会的背景」矢部京之助・草野勝彦・中田英雄編著『アダプテッド・スポーツの科学　～障害者・高齢者のスポーツ実践のための理論～』市村出版，11-14.

後藤邦夫（1992）「障害者スポーツの現状と将来への展望」『スポーツ教育学研究』11（特別号），41-48.

後藤邦夫（2008）「知的障害のある人とスポーツ」『総合リハ』36（9），831-833.

Harada, C. M.and Siperstein, G. N.（2009）The sport experience of athletes with intellectual disabilities: A national survey of special olympics athletes and their families. Adapted Physical Activity Quarterly, 26（1），68–85.

芳我衞（1981）「スペシャルオリンピックを企画することの意義」『スペシャルオリンピック1』ベースボールマガジン社，12-18.

芳我衞（1983）「財団法人日本スペシャルオリンピック協会の設立について」『スペシャルオリンピック6』ベースボールマガジン社，56-59.

花房丞次（1982）「第3回国際ミニスペシャルオリンピック・レポート」『スペシャルオリンピック4』ベースボールマガジン社，38-41.

原田徹（2015）「放課後等デイサービスの現状と課題（特集障害児への支援を考える）」全国社会福祉協議会編『月刊福祉』98（2），23-27.

原田之稔（1991）「8文化活動—スポーツを中心に」日本精神薄弱者福祉連盟編『精神薄弱問題白書1991・1992年版』日本文化科学社.

広瀬与一（1969）「特集　各地の合同行事　神奈川県の場合」『愛護』日本精神薄弱者愛護協会，No.142，第16巻，第9号，16-17.

広田照幸・河野誠哉・澁谷知美・堤孝晃（2011）「高度成長期の勤労青少年のスポーツ希求はその後どうなったのか：―各種調査の再分析を通して―」『スポーツ社会学研究』19（1），3-18.

星加良司（2007）『障害とは何か　ディスアビリティの社会理論に向けて』生活書院.

壹岐博彦・草野勝彦（1994）「精神薄弱養護学校における2年間の持久走トレーニングの効果」『特殊教育学研究』31（4），11-18.

井手精一郎（1985）「時の話題」日本精神薄弱者福祉連盟編『精神薄弱問題白書1985年版』日本文化科学社.

井上明浩・加藤泰樹（2000）「知的障害者の競技スポーツ参加について」『体育・スポーツ哲学研究』22（1），17-29.

井上明浩（2011）「北陸における知的障害者スポーツの成立事情と展望　―スペシャルオリ

ンピックスを中心として―」『北陸体育学会紀要』47，43-54.

井上明浩（2012）「第3回INASグローバルゲームズの状況からみる国内情勢」『金沢星稜大学人間科学研究』6（1），39-44.

井上明浩（2013）「第9回INAS世界知的障害者陸上競技選手権大会の状況からみる国内外情勢」『金沢星稜大学人間科学研究』7（1），23-28.

井上明浩（2016）「2015スペシャルオリンピックス夏季世界大会・ロサンゼルスの状況と国内未普及競技の展望」『金沢星稜大学人間科学研究』9（2），39-46.

石川准（2002）「第1章　ディスアビリティの削減、インペアメントの変換」石川准・倉本智明編著（2002）『障害学の主張』明石書店，17-46.

岩沼聡一朗（2014）「スペシャルオリンピックス参加の効果　アスリートの身体的効果に関する調査研究」『スペシャルオリンピックス20年の検証　設立20周年記念調査研究報告書』スペシャルオリンピックス日本.

岩田正美（2013）「福祉が必要になるとき」岩田正美・上野谷加代子・藤村正之『ウェルビーイング・タウン　社会福祉入門　改訂版』有斐閣，75-93.

ジョン・W・ロイ　Jr. ジェラルド・S・ケニヨン，バリー・D・マックファーソン（＝1988，粂野豊編訳『スポーツと文化・社会』ベースボール・マガジン社.）

亀井国広（1971）「授産施設における週間指導計画案」『愛護』日本精神薄弱者愛護協会，No.160，第18巻，第3号，10-12.

笠野英弘（2012）「スポーツ実施者からみた新たなスポーツ組織論とその分析視座」『体育学研究』57，83-101.

川喜田二郎（1967）『発想法』中公新書.

川喜田二郎（1970）『続・発想法』中公新書.

川西正博（2013）「『クラス分け』とは何か」『現代スポーツ評論29』創文企画，101-107.

川西正志（1997a）「1997 Special Olympics World Winter Games in CANADA―知的障害者のための冬季スペシャルオリンピック世界大会をみて（1）」『体育の科学』杏林書院，47（6），473-477.

川西正志（1997b）「1997Special Olympics World Winter Games in CANADA―知的障害者のための冬季スペシャルオリンピック世界大会をみて（2）」『体育の科学』杏林書院，47（7），570-573.

川西正志（2012）「日本の生涯スポーツ政策」川西正志・野川春夫編著『生涯スポーツ実践論―生涯スポーツを学ぶ人たちに―改訂3版』市村出版，9-13.

川田仁子（1972）「この子らのスポーツの集いとこの子らの作品展のこと」『愛護』日本精神

薄弱者愛護協会，No.172，第19巻，第3号，4-5.

菊幸一（2013）「スポーツにおける『新しい公共』の原点と可能性」日本スポーツ社会学会編『21世紀のスポーツ社会学』創文企画，119.

木下康仁（2003）『グラウンデッド・セオリー・アプローチの実践　質的研究への誘い』弘文堂.

木下康仁（2007）『ライブ講義M—GTA　実践的質的研究法　修正版グラウンデッド・セオリー・アプローチのすべて』弘文堂.

木下康仁（2016）「M-GTAの基本特性と分析方法—質的研究の可能性を確認する—」『順天堂大学医療看護学部医療看護研究』13（1），1-11.

小島道生（2010）「知的障害児の自己概念とその影響要因に関する研究：自己叙述と選択式測定法による検討」『特殊教育学研究』48（1），1-11.

国立重度知的障害者総合施設のぞみの園（2011）「知的障害者・精神障害者が利用する移動支援における課題と重度の知的障害者・精神障害者が在宅生活を快適に暮らすために必要なサービスについての調査・研究報告書」49.

小西敏之（1971）「本園の指導訓練の在り方と月間指導訓練計画について」『愛護』日本精神薄弱者愛護協会，No.160，第18巻，第3号，6-9.

厚生労働省（2015）放課後等デイサービスガイドライン報告書（本文）. http://www.mhlw.go.jp/file/05-Shingikai-12201000-Shakaiengokyokushougaihokenfukushibu-Kikakuka/0000082829.pdf,（参照日2018-1）.

厚生労働省社会・援護局障害保健福祉部（2013）「平成23年生活のしづらさなどに関する調査（全国在宅障害児・者等実態調査）結果」厚生労働省.

厚生労働省社会・援護局障害保健福祉部（2018）「平成28年生活のしづらさなどに関する調査（全国在宅障害児・者等実態調査）結果」厚生労働省.

厚生省（1963）「第13心身障害者の福祉」『厚生白書　昭和38年版』厚生労働省ホームページ，https://www.mhlw.go.jp/toukei_hakusho/hakusho/kousei/1963/（参照日2019-3）.

久保正秋（1999）「スポーツ指導方法の原理的考察」『体育・スポーツ哲学研究』21（1），1-7.

京極高宣（1977）「社会福祉におけるニーズと需要」『月刊福祉』60，42-49.

Ludwig Guttmann（1976）Textbook of Sport for the Disabled（=1983，市川宣恭監訳・広橋賢次・島田永和訳『身体障害者のスポーツ』医歯薬出版株式会社.）

前田大作（1976）「社会福祉におけるニードとデマンド」『公衆衛生』40（5），320-324.

マイケル・J・サンデル（2007）THE CASE AGAINST PERFECTION（=2010，林芳紀・

伊吹友秀訳『完全な人間を目指さなくてもよい理由　遺伝子操作とエンハンスメントの倫理』ナカニシヤ出版.）

Maslow, Abraham. H., (1970) Motivation and Personality. Harper & Row, Publishers, Inc, 35-58.

松井二郎 (1990)「転換期における社会福祉原理　機能分析の整理に向けて」『北星学園大学文学部北星論集』27, 39-72.

松宮智生 (2013)「『スポーツ権』の人権性に関する考察」『国士舘大学体育研究所報』32, 1-12.

松本耕二 (2014)「ナショナルゲームの記録分析　事例編：陸上競技」『スペシャルオリンピックス20年の検証　設立20周年記念調査研究報告書』スペシャルオリンピックス日本.

松田恵示 (1999)「体育とスポーツ　―あるいはスポーツ文化の『二重性』について」井上俊・亀山佳明編『スポーツ文化を学ぶ人のために』世界思想社, 188-207.

松友了 (2000) 日本知的障害福祉連盟編『発達障害白書2001年版』日本文化科学社, 222.

皆川正治 (1984)「時の話題」日本精神薄弱者福祉連盟編『精神薄弱問題白書1984年版』日本文化科学社.

峰島厚 (2015)「障害者の発達保障をめぐる課題」『立命館産業社会論集』51（1）, 139-164.

箕輪一美 (1998)「Ⅳスポーツ活動　1日本における知的障害者スポーツの成立事情」日本知的障害福祉連盟編『発達障害白書1999年版』日本文化科学社.

三浦文夫 (1995)『［増補改訂］社会福祉政策研究』全国社会福祉協議会, 57.

文部科学省 (2013)「体力・スポーツに関する世論調査（平成25年1月調査)」文部科学省, 23.

森川貞夫 (1988)「スポーツ社会学の必要性―なぜスポーツ社会学を学ぶか」森川貞夫・佐伯聰夫編著『スポーツ社会学講義』大修館書店, 2-9.

守田香奈子・七木田敦 (2004)「知的障害児のスポーツ活動への参加を規定する要因に関する調査研究：保護者への調査を通じたニーズの把握」『障害者スポーツ科学』2（1）, 70-75.

M-GTA研究会ホームページ, https://m-gta.jp/（参照日2019-11).

永倉春男 (1993)「7文化的活動　―スポーツ」日本精神薄弱者福祉連盟編『精神薄弱問題白書1994年版』日本文化科学社, 139.

長積仁 (2017)「スポーツ組織をめぐる支援と自律性の様相」『国際学研究』6（2), 37-45.

内閣府ホームページ『障害者白書（2009, 2014年版)』https://www8.cao.go.jp/shougai/

whitepaper/index-w.html （参照日2019-3）.

中川一彦（1995）「わが国のいわゆる特殊体育（障害者体育）に関する一考察」『筑波大学体育科学系紀要』18，53-61.

中川一彦（2001）「石井亮一の体育観に関する一考察」『筑波大学体育科学紀要』24，131-138.

中西純司（2016）「『新しい公共』の形成と地域スポーツ」山下秋二・中西純司・松岡宏高編著『新しいスポーツマネジメント』大修館書店.

仲野隆士（1996）「スペシャルオリンピックスの組織構造とその活動に関する一考察」『仙台大学紀要』27，113-122.

仲野隆士（2012）「障害者スポーツの指導者とプログラム」川西正志・野川春夫編著『生涯スポーツ実践論―生涯スポーツを学ぶ人たちに―改訂第3版』市村出版，141-145.

七木田敦（1998）「精神遅滞児における運動スキルの転移と保持に及ぼす文脈干渉効果について」『特殊教育学研究』35（4），13-20.

日本知的障がい者卓球連盟ホームページ，「団体概況書」，http://jttf-fid.org/wp-content/themes/fid/images/dantai.pdf　参照日2019-3）。

日本発達障害連盟編（2016）『発達障害白書2017年版』明石書店.

日本障害者スポーツ協会（2010）『障害者スポーツの歴史と現状』日本障害者スポーツ協会，1-12，37-40.

日本障がい者スポーツ協会（2019）「障がい者スポーツの歴史と現状」http://www.jsad.or.jp/about/pdf/jsad_ss_2019_web.pdf　（参照日2019-3）

日本スペシャルオリンピック委員会（1982）「特別企画インタビュー構成　精神薄弱者と体育の関連について　今後のスペシャルオリンピックに対する方向づけ　佐々木正美氏に聞く」『スペシャルオリンピック2』ベースボールマガジン社，12-15.

日本スペシャルオリンピック委員会（1983a）「ＳＯニュース」『スペシャルオリンピック5』ベースボールマガジン社，66.

日本スペシャルオリンピック委員会（1983b）「座談会　現場の指導者が語る悩み，喜び…スペシャルオリンピックこの感動を日常指導の中へ」『スペシャルオリンピック6』ベースボールマガジン社，18-25.

日本スペシャルオリンピック委員会（1983c）「統計上からみた第2回大会」『スペシャルオリンピック6』ベースボールマガジン社，64-66.

日本スペシャルオリンピック委員会（1983d）「特別座談会　スペシャルオリンピックの今後目ざすべきもの」『スペシャルオリンピック7』ベースボールマガジン社，54-63.

日本体育協会日本スポーツ少年団（共同研究者　公益財団法人笹川スポーツ財団）（2015）「単位スポーツ少年団における障がいのある子どもの参加実態調査報告書」12.

日本財団パラリンピック研究会（2014）「国内外一般社会でのパラリンピックに関する認知と関心　調査結果報告」http://para.tokyo/doc/survey201411_2.pdf（参照日2019-8）

能村藤一（1998）「知的障害者スポーツの現状と課題」『臨床スポーツ医学』15（2），149-153.

能村藤一（1992）「7文化的活動　―スポーツ」日本精神薄弱者福祉連盟編『精神薄弱問題白書1993年版』日本文化科学社.

熨斗謙一（1979）「障害児体育の今日的課題：障害児体育理論構築のために」『日本体育大学紀要』8，11-16.

小倉和夫（2018）「『スペシャルオリンピックス』試論　―スペシャルオリンピックスの原点，特徴，社会的意義と課題についての今後の調査研究並びにパラリンピック，デフリンピックなどとの比較研究の促進のために―」『パラリンピック研究会　紀要』9，1-26.

岡村重夫（1983）『社会福祉原論』全国社会福祉協議会.

奥田睦子（2007）「総合型地域スポーツクラブへの障がい者の参加システム構築のための調査研究：障がい者の参加状況と受け入れ体制の構築に向けたクラブの課題」『金沢大学経済論集』42，157-185.

奥住秀之（2005）「知的障害者の運動行為の問題」『発達障害研究』27（1），13-19.

大久保春美（2012）「障害者スポーツの意義と理念」日本障害者スポーツ協会編『改訂版障害者スポーツ指導教本　初級・中級』ぎょうせい，23-26.

大野明（1972）「精神薄弱児の体育指導　―殊に水泳指導について」全日本特殊教育研究連盟・日本精神薄弱者愛護協会・全日本精神薄弱者育成会共編『精神薄弱者問題白書』日本文化科学社，153.

大阪知的障がい者スポーツ協会（2011）「第30回スポーツフェスタ2011大阪プログラム」159.

大友栄木（1981）「時の話題」日本精神薄弱者福祉連盟編『精神薄弱問題白書1981年版』日本文化科学社.

大山祐太・増田貴人・安藤房治（2012）「知的障害者のスポーツ活動における大学生ボランティアの継続参加プロセス」『障害者スポーツ科学』10（1），35-44.

ピーター・マッキントッシュ（＝1991，寺島善一・岡尾恵市・森川貞夫編訳『現代社会とスポーツ』大修館書店，35-42.）

佐伯聰夫（1988）「スポーツの社会学的理解―スポーツをどのようにとらえ、考えるか」森

川貞夫・佐伯聰夫編著『スポーツ社会学講義』大修館書店，10-19.

堺賢治（1988）「スポーツと人権」森川貞夫・佐伯聰夫編著『スポーツ社会学講義』大修館
書店，196-199.

作野誠一（2008）「スポーツ関連組織のマネジメント」原田宗彦・小笠原悦子編著『スポー
ツマネジメント』大修館書店.

真田是（2003）「社会福祉運動の戦後過程」浅井春夫・小賀久・真田是編『社会福祉運動と
はなにか』かもがわ出版.

三本松正敏（1988）「スポーツの文化システム」森川貞夫・佐伯聰夫編著『スポーツ社会学
講義』大修館書店，20-31.

笹川スポーツ財団（2013）「総合型地域スポーツクラブの障害者スポーツ振興に関する調査」
『健常者と障害者のスポーツ・レクリエーション活動連携推進事業（地域における障害者
のスポーツ・レクリエーション活動に関する調査研究)』80-111.

笹川スポーツ財団（2014）「障害児・者のスポーツライフに関する調査」『健常者と障害者の
スポーツ・レクリエーション活動連携推進事業（地域における障害者のスポーツ・レク
リエーション活動に関する調査研究)』8-39.

笹川スポーツ財団（2016）「障害児・者のスポーツライフに関する調査」『地域における障害
者スポーツ普及促進事業（障害者のスポーツ参加促進に関する調査研究)』7-58.

笹川スポーツ財団（2017）「特別支援学校のスポーツ環境に関する調査」『地域における障害
者スポーツ普及促進事業（障害者のスポーツ参加における障壁等の調査分析）報告書』
61-130.

佐藤充宏（2001）「知的障害者へのスポーツ支援と社会的価値の創造」『徳島大学総合科学部
人間科学研究』9，21-38.

Shapiro, D. R.（2003）Participation motives of Special Olympics athletes. Adapted
Physical Activity Quarterly, 20（2），150–165.

芝田徳造（1992）『障害者とスポーツ　スポーツの大衆化とノーマリゼーション』文理閣.

柴田幸男・竹内敏子・小林義雄（2003）「国際障害者スポーツムーブメントと日本知的障害
者卓球大会の一考察」『中京大学教養論叢』44（1），227-263.

志村健一・仲野隆士（2014）「スペシャルオリンピックス参加の効果　アスリートの心理・
社会的効果に関する調査研究」『スペシャルオリンピックス20年の検証　設立20周年記念
調査研究報告書』スペシャルオリンピックス日本，22-33.

白石正久（2018）「発達と教育」越野和之・全障研研究推進委員会編『発達保障論の到達と
論点』全障研出版部.

勝二博亮（2011）「スペシャルオリンピックス日本における地区組織での取り組み：―設立年数と活動規模の違い―」『特殊教育学研究』49（3），273-282.

総理府編（1997）『障害者白書（平成9年版）』大蔵省印刷局.

スペシャルオリンピックス日本（2005）『スペシャルオリンピックス10周年記念誌』.

スペシャルオリンピックス日本（2014）「参考資料2、3、4、5」『スペシャルオリンピックス日本20年の検証　設立20周年記念調査研究報告書』，73-78.

スペシャルオリンピックス日本（2016a）「スペシャルオリンピックス公式ゼネラルルール2012年版（改正2015年）」スペシャルオリンピックス日本2016年10月改正箇所監修「第3条，スポーツトレーニングと競技会，3.01（F）」17.

スペシャルオリンピックス日本（2016b）「スポーツルール総則2016年6月改訂版」.

スペシャルオリンピックス日本編（2017）「ゼネラルオリエンテーション標準テキスト」スペシャルオリンピックス日本.

スペシャルオリンピックス日本（2019）「ユニファイドスポーツコーチクリニック資料」.

スペシャルオリンピックス日本ホームページ，http://www.son.or.jp/．（参照日2019-3）.

スポーツ庁（2016a）『スポーツの実施状況等に関する世論調査』10-25.

スポーツ庁（2016b）平成28年度　総合型地域スポーツクラブ育成状況. http://www.mext.go.jp/sports/b_menu/sports/mcatetop05/list/detail/1379932.htm，（参照日2017-12）.

杉本章（2008）『障害者はどう生きてきたか　戦前・戦後障害者運動史（増補改訂版）』現代書館.

鈴木秀雄（1981a）「日本におけるスペシャルオリンピックムーブメント」『関東学院大学経済学会研究論集　経済系』128，52-66.

鈴木秀雄（1981b）「特集　スペシャルオリンピックの意味とその史的概観」『スペシャルオリンピック1』ベースボールマガジン社，6-11.

鈴木秀雄（1985）「第6回国際夏季スペシャルオリンピック大会（1983 ISSOG）および第3回国際冬季スペシャルオリンピック大会（1985 IWSOG）参加とその現状」『関東学院大学経済学会研究論集　経済系』144，46-70.

田引俊和（2009）「障害者スポーツを支えるボランティアの意識の特徴に関する一考察」『北陸学院大学・北陸学院大学短期大学部研究紀要』1，241-249.

田引俊和・松本耕二・渡邊浩美（2013）「知的障害のある人たちがスポーツ活動に参加する理由」『北陸学院大学・北陸学院大学短期大学部研究紀要』6，141-148.

田引俊和・松本耕二・仲野隆士・渡邊浩美（2015）「知的障害がある人たちのスポーツ活動からの休止，離脱に関する一考察」『北陸学院大学・北陸学院大学短期大学部研究紀要』7，

169-176.

田引俊和（2018）「知的障害者のスポーツニーズと課題の検討　〜スペシャルオリンピックス参加者の保護者を対象とした調査分析〜」『北陸学院大学・北陸学院大学短期大学部研究紀要』10，73-78.

高畑庄蔵・武蔵博文（1997）「知的障害者の食生活，運動・スポーツ等の現状についての調査研究」『発達障害研究』19（3），235-244.

高橋彰彦（1982）「時の話題」日本精神薄弱者福祉連盟編『精神薄弱問題白書1982年版』日本文化科学社.

高橋明（2004）『障害者とスポーツ』岩波書店，97-122.

高橋豪仁（2017）「パラリンピック教育に関する一考察：障害者スポーツからの学び」『奈良教育大学次世代教員養成センター研究紀要』3，99-109.

高橋ゆう子（2010）「知的障害児における身体の自己コントロールが日常行為の発達に及ぼす影響：動作法の適用と靴下履きの変容の分析」『特殊教育学研究』48（3），225-234.

髙山浩久（2016）「2　全国障害者スポーツ大会の歴史・意義・目的」日本障がい者スポーツ協会編『新版　障がい者スポーツ指導教本　初級・中級』ぎょうせい.

武川正吾（2011）『福祉社会　包摂の社会政策　新版』有斐閣.

武隈晃（1995）「管理者行動によるスポーツ組織の検討」『体育学研究』40，234-247.

竹内章郎（2010）『平等の哲学　新しい福祉思想の扉をひらく』大月書店.

玉井真徹（1969）「特集　各地の合同行事　神奈川県の場合」『愛護』日本精神薄弱者愛護協会，No.142，第16巻，第9号，19-21.

田中暢子（2013）「戦後日本における障害者のスポーツの発展―1949年から1970年代に着目して―」『体育研究』47，11-24.

立岩真也（2000）『弱くなる自由へ　自己決定・介護・生死の技術』青土社.

立岩真也（2002）「ないにこしたことはない，か・1」石川准・倉本智明編著『障害学の主張』明石書店，47-87.

立木宏樹（2008）「福祉界からみた障害者スポーツの位置づけとスポーツ文化的課題―福祉界とスポーツ界の『はざま』とその克服に向けて―」大谷善博監修・三本松正敏・西村秀樹編『変わりゆく日本のスポーツ』世界思想社，286-299.

東京都（2012）「第1章　障害者スポーツ振興の意義」『東京都障害者スポーツ振興計画（平成24年）』，4-9.

内海和雄（2015）『スポーツと人権・福祉』創文企画.

内山治樹（2013）「コーチの本質」『体育学研究』58，677-697.

魚住廣信（2004）「障害者のスポーツトレーニング理論」矢部京之助・草野勝彦・中田英雄編著『アダプテッド・スポーツの科学〜障害者・高齢者のスポーツ実践のための理論〜』市村出版，58-61.

渡邊浩美（2006）「障害者スポーツの社会的可能性」『21世紀社会デザイン研究』5，135-144.

渡邊浩美（2016）「知的障がいのある人たちを支える民間ネットワークの形成と新しい公共 ―スペシャルオリンピックス国内活動を事例として―」『福祉社会開発研究』8，73-83.

渡邊浩美（2017）「知的障がい者支援の民間ネットワーク研究―人々を巻き込むアクティビティプログラムの考察―」『福祉社会開発研究』9，67-76.

渡辺功（1980）「ハワイ・スペシャルオリンピックに参加して」『愛護』日本精神薄弱者愛護協会，No.274，第27巻，第9号，40-43.

渡正（2012）『障害者スポーツの臨界点　車椅子バスケットボールの日常的実践から』新評論.

矢部京之助・佐藤賢（1995）「知的障害児のフィットネスとスポーツ」『臨床スポーツ医学』12（11），1259-1264.

山下秋二（2016）「スポーツの生産と消費」山下秋二・中西純司・松岡宏高編著『新しいスポーツマネジメント』大修館書店，2-13.

柳崎達一（1994）『精神薄弱者福祉論』中央法規.

柳澤亜希子（2012）「自閉症スペクトラム障害児・者の家族が抱える問題と支援の方向性」『特殊教育学研究』50（4），403-411.

安井友康（2004）「知的障害者とアダプテッド・スポーツ」矢部京之助・草野勝彦・中田英雄編著『アダプテッド・スポーツの科学〜障害者・高齢者のスポーツ実践のための理論〜』市村出版，160-163.

結城俊哉（2007）「障害のある人とスポーツ活動―パラリンピックの歴史から学ぶ」奥野英子・結城俊哉編著『生活支援の障害福祉学』明石書店，317-326.

全日本特殊教育研究連盟・日本精神薄弱者愛護協会・全日本精神薄弱者育成会共編（1963）『精神薄弱者問題白書』日本文化科学社.

スペシャルオリンピックス活動に関する調査

【ＳＯＮ調査へのご協力のお願い】

　この調査は、スペシャルオリンピックスの活動に参加している皆さまの日常の参加状況や考えをおうかがいし、今後のプログラム運営、あるいはボランティア・ファミリー活動の充実のために検討用の基礎資料を得ることを目的に行なうものです。結果はＳＯＮ研究のためにのみ用いられ、データはすべて統計的に処理されますのでご回答いただいた個人が特定されるようなことはなく、ご迷惑をおかけすることは決してありません。

　どうか本調査の趣旨をご理解の上、ご協力をお願い申し上げます。

　各質問項目には、あなたが感じたことをありのまま率直にお答えください。回答用紙は同封の返信封筒に入れ、**2010 年 1 月 31 日（日）まで**に送付いただきますようお願いします（切手不要）。なお、質問項目以外にＳＯＮ、ＳＯ活動へのご意見・ご提案等ありましたらアンケート最後の自由記述欄にお願いします。

調　査　者：田引俊和（ＳＯＮ愛知）松本耕二（ＳＯＮ山口）
調査協力：スペシャルオリンピックス日本

※ 回答においては、特に指示のある場合を除いて<u>1つだけ</u>○印で囲んで下さい。
※ 選択肢以外にもご意見、コメント等ありましたら最後の自由記述欄にご記入下さい。

●あなたの所属するＳＯ日本・地区組織での活動参加状況についておたずねします。

Q１．あなたのスペシャルオリンピックス（以下、ＳＯ）の活動経験はどれぐらいになりますか？

　　　　　スペシャルオリンピックスの活動に参加して、およそ＿＿＿＿＿＿年＿＿＿＿＿ヶ月

Q1-2．最近１年以内、ＳＯ活動にはどれぐらいの頻度で参加していますか？ (ミーティングや事務作業なども含む)

　　　1.ほとんど参加していない　　　2.年に数回ぐらい　　　　　3.月に１～２日

　　　4.週に１回くらい　　　　　　　5.週に２～３日くらい　　　5.週に４日以上

Q２．地区組織での役割・活動状況を教えてください。　（※複数ある場合最も近いもの一つを選択）

　　　1.理事/役員/各種委員として活動　　　2.ファミリーでもあり、理事/役員/委員等として活動

　　　3.コーチとして活動　　　　　　　　4.ファミリーでもあり、コーチとして活動

　　　5.ボランティアスタッフ（事務局・イベント等）として活動

　　　6.ファミリーでもあり、ボランティアスタッフ（事務局・イベント等）として活動

　　　7.特別な役割はないがファミリーとして参加　　8.その他＿＿＿＿＿＿＿＿＿＿＿＿＿＿＿＿＿＿

Q３．あなたがＳＯの活動に参加している動機について、下記の項目はどの程度あてはまりますか？

　　※回答者がファミリーの場合、アスリートの参加動機ではなく<u>ご自身の考え</u>としてお答え下さい。

	非常に あてはまる 5	まあ あてはまる 4	どちらとも いえない 3	あまり あてはまらない 2	まったくあて はまらない 1
1．（アスリートではなく、以下同じ）自分自身が成長したいから	5	4	3	2	1
2．何らかの記念品、スポーツ用品など得たいから	5	4	3	2	1
3．スペシャルオリンピックス活動を盛り上げたいから	5	4	3	2	1
4．活動を通して社会の役に立ちたいから	5	4	3	2	1
5．自分自身の社会的な視野を広げたいから	5	4	3	2	1
6．多くのボランティアと交流できるから	5	4	3	2	1
7．アスリートのスポーツ活動の機会を支援したいから	5	4	3	2	1
8．自分自身の気分転換になるから	5	4	3	2	1
9．スペシャルオリンピックスの理念に共感できるから	5	4	3	2	1
10．自分自身の余暇時間の活動としてちょうど良いから	5	4	3	2	1

11．自分もＳＯ活動に何らかの貢献をしたいから　　5 － 4 － 3 － 2 － 1
12．地域社会での活動に参加してみたかったから　　5 － 4 － 3 － 2 － 1
13．他の人に認められたいから　　　　　　　　　　5 － 4 － 3 － 2 － 1
14．学校や会社、地域団体として参加しているから　5 － 4 － 3 － 2 － 1
15．自分自身が新しい経験を得たいから　　　　　　5 － 4 － 3 － 2 － 1

16．友人や知人に参加を依頼されたから　　　　　　5 － 4 － 3 － 2 － 1
17．自分自身の将来やキャリアに役立てたいから　　5 － 4 － 3 － 2 － 1
18．多くの人と出会えるから　　　　　　　　　　　5 － 4 － 3 － 2 － 1
19．多くのファミリーと交流できるから　　　　　　5 － 4 － 3 － 2 － 1
20．自分自身がスポーツをしたいから　　　　　　　5 － 4 － 3 － 2 － 1

21．今さらやめると気まずいから　　　　　　　　　5 － 4 － 3 － 2 － 1
22．ナショナルゲームなど大きな大会に参加したいから　5 － 4 － 3 － 2 － 1
23．アスリートのスポーツ活動に関心があるから　　5 － 4 － 3 － 2 － 1
24．継続的に同じ活動ができるから　　　　　　　　5 － 4 － 3 － 2 － 1
25．知り合った仲間に会えるから　　　　　　　　　5 － 4 － 3 － 2 － 1
26．これまでのスポーツ経験を活かしたいから　　　5 － 4 － 3 － 2 － 1
27．自分自身がスポーツに興味があるから　　　　　5 － 4 － 3 － 2 － 1

その他、何かあれば自由に記入して下さい。
（　　　　　　　　　　　　　　　　　　　　　　　　　　　　　　　　　　　）

Ｑ４．アスリートのＳＯ活動への参加理由はどのようなものだと考えますか？

非常に あてはまる 5	ま あ て はまる 4	どちらとも いえない 3	あまり あてはまらない 2	まったくあて はまらない 1

1．スポーツすること自体が楽しいから　　　　　　　　　　5 － 4 － 3 － 2 － 1
2．アスリートのスポーツ活動は家族の望みだから　　　　　5 － 4 － 3 － 2 － 1
3．多くの仲間ができる（できた）から　　　　　　　　　　5 － 4 － 3 － 2 － 1
4．何もスポーツ活動をしていないと何か悪いように感じるから　5 － 4 － 3 － 2 － 1
5．スポーツ活動をしている理由は特にない　　　　　　　　5 － 4 － 3 － 2 － 1

6．体力向上につながるから　　　　　　　　　　　　　　　5 － 4 － 3 － 2 － 1
7．休日に特に行くところもないから　　　　　　　　　　　5 － 4 － 3 － 2 － 1
8．途中でやめると仲間に引け目を感じるから　　　　　　　5 － 4 － 3 － 2 － 1
9．健康維持に役立つと思うから　　　　　　　　　　　　　5 － 4 － 3 － 2 － 1
10．良い記録を出したいから　　　　　　　　　　　　　　　5 － 4 － 3 － 2 － 1

11．余暇時間に他にすることがないから　　　　　　　　　　5 － 4 － 3 － 2 － 1
12．ナショナルゲームなど大きな大会に参加したいから　　　5 － 4 － 3 － 2 － 1
13．体を動かすのは気持ちいいから　　　　　　　　　　　　5 － 4 － 3 － 2 － 1
14．継続的にスポーツ活動を続けられるから　　　　　　　　5 － 4 － 3 － 2 － 1
15．チームワークや集団行動ができるようになるから　　　　5 － 4 － 3 － 2 － 1

16．コーチ・指導者が高い専門性を持っているから　　　　　5 － 4 － 3 － 2 － 1
17．ルールやマナーの習得に役立つから　　　　　　　　　　5 － 4 － 3 － 2 － 1
18．活動の頻度がちょうど良いから　　　　　　　　　　　　5 － 4 － 3 － 2 － 1
19．多くの人とのコミュニケーションの場として良いから　　5 － 4 － 3 － 2 － 1
20．住んでいる近くでスポーツ活動に参加できるから　　　　5 － 4 － 3 － 2 － 1

21．信頼できるコーチがいるから	5 － 4 － 3 － 2 － 1
22．適切なトレーニングメニューで練習できるから	5 － 4 － 3 － 2 － 1
23．やめるとまわりの人との関係が気まずくなるから	5 － 4 － 3 － 2 － 1
24．他にスポーツ活動をする機会がないから	5 － 4 － 3 － 2 － 1
25．スポーツ活動をすることは良いと思うから	5 － 4 － 3 － 2 － 1

26．純粋に競技能力を高めたいから	5 － 4 － 3 － 2 － 1
27．なぜスポーツ活動をしているかわからない	5 － 4 － 3 － 2 － 1
28．心的な安定につながるから	5 － 4 － 3 － 2 － 1
29．他にスポーツ活動をする場がないから	5 － 4 － 3 － 2 － 1
30．トレーニング場面の雰囲気が良いから	5 － 4 － 3 － 2 － 1

<u>その他、何かあれば自由に記入して下さい。</u>
（　　　　　　　　　　　　　　　　　　　　　　　　　　　　　　　　　　）

Q5．SO活動に参加して、**あなた自身**は下記の項目にどの程度あてはまりますか？

	非常にあてはまる 5	まああてはまる 4	どちらともいえない 3	あまりあてはまらない 2	まったくあてはまらない 1
1．多くの仲間ができたことをうれしく思う	5 － 4 － 3 － 2 － 1				
2．忙しいときでもできるだけSO活動に行こうと思う	5 － 4 － 3 － 2 － 1				
3．SOでは思ったほど自分の経験や知識が活かせない	5 － 4 － 3 － 2 － 1				
4．多くのファミリーと交流・情報交換することは重要だと思う	5 － 4 － 3 － 2 － 1				
5．障害がある人たちに対する見方が変わった	5 － 4 － 3 － 2 － 1				
6．SO活動はファミリーへの負担が大きいと思う	5 － 4 － 3 － 2 － 1				
7．SO活動はボランティアへの負担が大きいと思う	5 － 4 － 3 － 2 － 1				
8．社会活動や地域社会の活動に対する見方が変わった	5 － 4 － 3 － 2 － 1				
9．与えられた役割は自分にとっては負担である	5 － 4 － 3 － 2 － 1				
10．スポーツ活動に興味があるだけでSOそのものへの愛着はない	5 － 4 － 3 － 2 － 1				

11．SO活動にはなかば義務的に参加している	5 － 4 － 3 － 2 － 1
12．自分がSOの一員であることをうれしく思う	5 － 4 － 3 － 2 － 1
13．多くのボランティアと交流・情報交換することは重要だと思う	5 － 4 － 3 － 2 － 1
14．交通費などの負担はあまり気にならない	5 － 4 － 3 － 2 － 1
15．SO活動をとおしてボランティア活動そのものへの関心が高まった	5 － 4 － 3 － 2 － 1
16．知り合った仲間に会えるので活動のある日が楽しみである	5 － 4 － 3 － 2 － 1
17．継続的な活動のために時間をやりくりするのが大変だ	5 － 4 － 3 － 2 － 1
18．自分にもう少し大きな役割があってもいいと思う	5 － 4 － 3 － 2 － 1
19．これまで知りえなかった障害がある人たちの側面を発見できた	5 － 4 － 3 － 2 － 1
20．ボランティアに興味があるだけでSOそのものに愛着があるわけではない	5 － 4 － 3 － 2 － 1

21．SO活動にファミリーの存在は欠かせないと思う	5 － 4 － 3 － 2 － 1
22．SO活動がうまくいくように自分なりにがんばっているつもりだ	5 － 4 － 3 － 2 － 1
23．SO活動は父親の子育てに対する意識に影響を及ぼしていると思う	5 － 4 － 3 － 2 － 1
24．SOの活動方針にしばしば同意できないことがある	5 － 4 － 3 － 2 － 1
25．SO活動に参加することは自分の生活の一部となっている	5 － 4 － 3 － 2 － 1
26．SO活動への参加は自分自身の心的な成長に役立っている	5 － 4 － 3 － 2 － 1
27．もっとファミリーとボランティアが交流・情報交換する機会がほしい	5 － 4 － 3 － 2 － 1
28．SO活動をとおして障害がある人たちの生活や福祉への関心が高まった	5 － 4 － 3 － 2 － 1
29．SO活動の理念は分かっているつもりである	5 － 4 － 3 － 2 － 1
30．純活動では対人関係がわずらわしい	5 － 4 － 3 － 2 － 1

その他、何かあれば自由に記入して下さい。

（　　　　　　　　　　　　　　　　　　　　　　　　　　　　　　　　　　　　　　　）

●最後に、あなたご自身についておたずねします。

Q6．地区での主な活動場所までどのくらい時間がかかりますか？

およそ（平均）　　　　　　　　　分くらい

Q6-2．地区での主なSO活動で自己負担している項目に○印を付けてください（複数可）

　　1．交通費　　2．駐車料金　　3.ユニフォーム/用具　　4．（ミーティングなどの）飲食費　　5．その他（　　　　）

Q6-3．また、その自己負担額は、1ヶ月どのくらいですか？　　1ヶ月あたりおよそ（平均）　　　　　円

Q7-1．　性別　　　1．男性　　　2．女性

Q7-2．　年齢　　　1．10代　　　2．20代　　　3．30代　　　4．40代
　　　　　　　　　　　5．50代　　　6．60代　　　7．70代以上

Q7-3．　職業　　　1．会社員　　　　2．公務員/団体職員など　3．自営業　　4．パート・アルバイト
　　　　　　　　　　　5．主婦　　　　　6．定年退職　　　　　　7．学生
　　　　　　　　　　　8．その他（_____）

Q8-1．　運動・スポーツに関係する資格（審判、指導員/コーチ等）をお持ちですか？　　1．は　い　　　2．いいえ
　　　　　　　　　　　　　　　　　　　　　　　　　　　　　　　　　　　　　↓
（資格名（複数可）：_____）

Q8-2．　これまでSOのコーチクリニックを何回ぐらい受講しましたか？（講義、実技全て合わせて）

　　1.一度も受講したことがない　　2．1～2回　　　3．3～5回　　　4．5～10回　　5．10回以上

Q8-3．　この1年以内のコーチクリニック受講状況はどうですか？（講義、実技全て合わせて）

　　1.一度も受講していない　　　　2．1～2回　　　3．3～5回　　　4．5～10回　　5．10回以上

●スペシャルオリンピックス活動やSO日本へのご意見・ご提案などありましたら自由にご記入ください。

返信用封筒にて**2010年1月31日（日）**までに郵便ポストに投函してください。（切手不要）

■　　長い時間、ご協力いただきありがとうございました。■

スペシャルオリンピックス活動へのご意見をお聞かせください

【ＳＯＮ調査へのご協力のお願い】

　　この調査は、スペシャルオリンピックスの活動に参加している皆さまの日常の参加状況や考えをおうかがいし、今後のプログラム運営、あるいはボランティア・ファミリー活動の充実のために検討用の基礎資料を得ることを目的に行なうものです。

　　結果はＳＯＮ研究のためにのみ用いられ、データはすべて統計的に処理されますのでご回答いただいた個人が特定されるようなことはなく、ご迷惑をおかけすることは決してありません。

　　どうか本調査の趣旨をご理解の上、ご協力をお願い申し上げます。

　　各質問項目には、あなたが感じたことをありのまま率直にお答えください。回答用紙は同封の返信封筒に入れ、**2014 年 7 月 28 日（月）まで**に送付いただきますようお願いします（切手不要）。なお、質問項目以外にＳＯＮ、ＳＯ活動へのご意見・ご提案等ありましたらアンケート最後の自由記述欄にお願いします。

調 査 者（ＳＯＮ研究グループ）：
田引俊和（ＳＯＮ愛知）松本耕二（ＳＯＮ山口）仲野隆士（ＳＯＮ宮城）

※ 回答においては、特に指示のある場合を除いて<u>1つだけ</u>○印で囲んで下さい。
※ 選択肢以外にもご意見、コメント等ありましたら自由記述欄にご記入下さい。

●あなたの所属するSO日本・地区組織での活動参加状況についておたずねします。

Q１．あなたのスペシャルオリンピックス(以下、ＳＯ)の活動経験はどれぐらいになりますか？

　　　　スペシャルオリンピックスの活動に参加して、およそ＿＿＿＿＿＿年＿＿＿＿＿ヶ月

Q1-2. 最近１年以内、ＳＯ活動にはどれぐらいの頻度で参加していますか？（ミーティングや事務作業なども含む）

　　1.ほとんど参加していない　　　2.年に数回ぐらい　　　　3.月に１～２日

　　4.週に１回くらい　　　　　　　5.週に２～３日くらい　　　6.週に４日以上

Q２．地区組織での役割・活動状況を教えてください。（※複数ある場合、最も中心となるもの一つを選択）

　　1.理事/役員/委員等として活動　　　2.ファミリーでもあり、理事/役員/委員等として活動

　　3.コーチとして活動　　　　　　　　4.ファミリーでもあり、コーチとして活動

　　5.ボランティアスタッフ（事務局・イベント等）として活動

　　6.ファミリーでもあり、ボランティアスタッフ（事務局・イベント等）として活動

　　7.特別な役割はないがファミリーとして参加　　8.その他＿＿＿＿＿＿＿＿＿＿＿＿＿＿＿＿＿＿＿

Q３．アスリートのＳＯ参加への影響について、あなたはどのように思いますか？

　　※ファミリー、ボランティア等にかかわらず、全て同じ質問です。

	非常に あてはまる 5	まあ あてはまる 4	どちらとも いえない 3	あまり あてはまらない 2	まったく あてはまらない 1
1.　（アスリートは、以下全て同じ）多くの仲間ができてうれしい	5	4	3	2	1
2.　SO活動のある日を楽しみにしている	5	4	3	2	1
3.　大会や競技会参加などがんばる目標ができた	5	4	3	2	1
4.　家族の絆、家族関係がよくなることに役立っている	5	4	3	2	1
5.　体力面の向上につながっている	5	4	3	2	1

6．自分への自信が高まった　　　　　　　　　　　5 － 4 － 3 － 2 － 1

7．身体的な健康に役立っている　　　　　　　　　5 － 4 － 3 － 2 － 1

8．こころの健康に役立っている　　　　　　　　　5 － 4 － 3 － 2 － 1

9．地域社会とのつながりが増えた　　　　　　　　5 － 4 － 3 － 2 － 1

10．運動の機会としてちょうどいい　　　　　　　　5 － 4 － 3 － 2 － 1

11．ＳＯ以外でもスポーツへの関心が高まった　　　5 － 4 － 3 － 2 － 1

12．まわりの人とのコミュニケーション力が向上した　5 － 4 － 3 － 2 － 1

13．スポーツの技術面が向上した　　　　　　　　　5 － 4 － 3 － 2 － 1

14．食生活を意識するようになった　　　　　　　　5 － 4 － 3 － 2 － 1

15．衝動性、攻撃性などが低減された　　　　　　　5 － 4 － 3 － 2 － 1

16．仕事・学校などに前向きに取り組めるようになった　5 － 4 － 3 － 2 － 1

17．集団行動、チームワークなどできるようになった　5 － 4 － 3 － 2 － 1

18．自分のそれまでのスポーツ経験が活かせている　5 － 4 － 3 － 2 － 1

19．（スポーツ以外の）日常生活上の質が高まった　5 － 4 － 3 － 2 － 1

20．（スポーツ以外の）日常生活上の動作が高まった　5 － 4 － 3 － 2 － 1

21．ＳＯ活動がある生活に満足している　　　　　　5 － 4 － 3 － 2 － 1

22．自分の健康状態には満足している　　　　　　　5 － 4 － 3 － 2 － 1

Ｑ４．アスリートにとって、現在のＳＯ活動はどのようなものだと考えますか？率直な意見をお聞かせください。

※ファミリー、ボランティア等にかかわらず、全て同じ質問です。

	非常にあてはまる 5	まああてはまる 4	どちらともいえない 3	あまりあてはまらない 2	まったくあてはまらない 1

1．（アスリートにとって、以下全て同じ）交通費などの負担がたいへん　5 － 4 － 3 － 2 － 1

2．活動場所までの移動手段の確保がたいへん　　　5 － 4 － 3 － 2 － 1

3．プログラムの頻度（回数）が多い　　　　　　　5 － 4 － 3 － 2 － 1

4．1回あたりのプログラム時間が長い　　　　　　5 － 4 － 3 － 2 － 1

5．ＳＯ活動のために時間をやりくりするのが大変　5 － 4 － 3 － 2 － 1

6．コーチの指導方法が合わない　　　　　　　　　5 － 4 － 3 － 2 － 1

7．ＳＯでは思ったほど自分の経験が活かせない　　5 － 4 － 3 － 2 － 1

8．年齢が高くなってきてトレーニングに参加できない　5 － 4 － 3 － 2 － 1

9．トレーニングレベルが高すぎる　　　　　　　　5 － 4 － 3 － 2 － 1

10．トレーニングレベルが低すぎる　　　　　　　　5 － 4 － 3 － 2 － 1

11．ＳＯのスポーツルールは厳しい　　　　　　　　5 － 4 － 3 － 2 － 1

12．毎回参加しないといけないという心的なプレッシャーみたいなものがある　5 － 4 － 3 － 2 － 1

Q5．あなた自身のSO活動に参加することによる影響はどのようなものですか？

※ファミリー、ボランティア等にかかわらず、全て同じ質問です。

	非常に あてはまる 5	まあ あてはまる 4	どちらとも いえない 3	あまり あてはまらない 2	まったく あてはまらない 1

1．（あなた自身は、以下全て同じ）スポーツの技術面が向上した 　　　5 － 4 － 3 － 2 － 1
2．食生活を意識するようになった 　　　5 － 4 － 3 － 2 － 1
3．スポーツの指導法についてもっと勉強したいと思う 　　　5 － 4 － 3 － 2 － 1
4．障害がある人たちに対する意識が高まった 　　　5 － 4 － 3 － 2 － 1
5．身体的な健康に役立っている 　　　5 － 4 － 3 － 2 － 1

6．自分のこれまでのスポーツ経験が活かせている 　　　5 － 4 － 3 － 2 － 1
7．地域社会に対する意識が高まった 　　　5 － 4 － 3 － 2 － 1
8．こころの健康に役立っている 　　　5 － 4 － 3 － 2 － 1
9．SO活動に係る費用負担などはあまり気にならない 　　　5 － 4 － 3 － 2 － 1
10．仕事・学校などに前向きに取り組めるようになった 　　　5 － 4 － 3 － 2 － 1

11．SO以外でもスポーツへの関心が高まった 　　　5 － 4 － 3 － 2 － 1
12．他の人のことを理解しあえるようになった 　　　5 － 4 － 3 － 2 － 1
13．多くの仲間ができてうれしい 　　　5 － 4 － 3 － 2 － 1
14．SO活動のある日を楽しみにしている 　　　5 － 4 － 3 － 2 － 1
15．自分自身の心的な成長に役立っている 　　　5 － 4 － 3 － 2 － 1

16．運動の機会としてちょうどいい 　　　5 － 4 － 3 － 2 － 1
17．SO活動の理念・方針には共感している 　　　5 － 4 － 3 － 2 － 1
18．自分への自信が高まった 　　　5 － 4 － 3 － 2 － 1
19．体力面の向上につながっている 　　　5 － 4 － 3 － 2 － 1
20．家族の絆、家族関係がよくなることに役立っている 　　　5 － 4 － 3 － 2 － 1

21．SO活動がうまくいくように自分なりにがんばっているつもりだ 　　　5 － 4 － 3 － 2 － 1
22．（スポーツ以外の）日常生活上の質が高まった 　　　5 － 4 － 3 － 2 － 1
23．（スポーツ以外の）日常生活上の動作が高まった 　　　5 － 4 － 3 － 2 － 1
24．SO活動がある生活に満足している 　　　5 － 4 － 3 － 2 － 1
25．自分の健康状態には満足している 　　　5 － 4 － 3 － 2 － 1

Q6．あなた自身にとって、現在のSO活動はどのようなものだと考えますか？
率直な意見をお聞かせください。 　※全て同じ質問です。

	非常に あてはまる 5	まあ あてはまる 4	どちらとも いえない 3	あまり あてはまらない 2	まったく あてはまらない 1

1．（自分にとって、以下全て同じ）プログラムの頻度（回数）が多い 　　　5 － 4 － 3 － 2 － 1
2．SOのスポーツルールは厳しい 　　　5 － 4 － 3 － 2 － 1
3．交通費などの負担がたいへん 　　　5 － 4 － 3 － 2 － 1
4．もっとファミリーとボランティアが交流する機会がほしい 　　　5 － 4 － 3 － 2 － 1
5．SOでは思ったほど自分の経験や知識が活かせない 　　　5 － 4 － 3 － 2 － 1

6．SO活動では対人関係がわずらわしい 　　　5 － 4 － 3 － 2 － 1
7．SO活動のために時間をやりくりするのが大変 　　　5 － 4 － 3 － 2 － 1
8．（自分の）年齢が高くなってきてトレーニングに参加できない 　　　5 － 4 － 3 － 2 － 1
9．トレーニングレベルが高すぎる 　　　5 － 4 － 3 － 2 － 1
10．トレーニングレベルが低すぎる 　　　5 － 4 － 3 － 2 － 1

SON調査

11. 毎回参加しないといけないという心的なプレッシャーみたいなものがある	5 － 4 － 3 － 2 － 1
12. ＳＯの理念・活動方針に同意できないところがある	5 － 4 － 3 － 2 － 1
13. ＳＯのスポーツ活動ではアスリートへの成果が感じられない	5 － 4 － 3 － 2 － 1
14. 活動場所までの移動手段の確保がたいへん	5 － 4 － 3 － 2 － 1
15. 与えられた役割は自分にとっては負担である	5 － 4 － 3 － 2 － 1
16. 1回あたりのプログラム時間が長い	5 － 4 － 3 － 2 － 1

● **最後に、あなたご自身についておたずねします。**

Ｑ７．地区での主な活動場所までどのくらい時間がかかりますか？

およそ（平均）　　　　　　分くらい

Ｑ７-２．地区での主なＳＯ活動で自己負担している項目に○印を付けてください（複数可）

1. 交通費　　2. 駐車料金　　3. ユニフォーム/用具　　4. （ミーティングなどの）飲食費　　5. その他（　　　　）

Ｑ７-３．また、その自己負担額は、1ヶ月どのくらいですか？　　1ヶ月あたりおよそ（平均）　　　　円

Ｑ７-４．性別　　1. 男性　　　2. 女性

Ｑ７-５．年齢　　1. 10代　　2. 20代　　3. 30代　　4. 40代
　　　　　　　　　5. 50代　　6. 60代　　7. 70代以上

Ｑ７-６．職業　　1. 会社員　　2. 公務員/団体職員など　　3. 自営業　　4. パート・アルバイト
　　　　　　　　　5. 主婦　　6. 定年退職　　7. 学生
　　　　　　　　　8. その他（　　　　　　　　　　　　　　　）

Ｑ８-１．運動・スポーツに関係する資格（審判、指導員/コーチ等）をお持ちですか？　　1. はい　　2. いいえ
　　　　　　　　　　　　　　　　　　　　　　　　　　　　↓
（資格名（複数可）：　　　　　　　　　　　　　　　　　　　　　　　）

Ｑ８-２．これまでＳＯのコーチクリニックを何回ぐらい受講しましたか？（講義、実技全て合わせて）

1. 一度も受講したことがない　　2. 1～2回　　3. 3～5回　　4. 5～10回　　5. 10回以上

Ｑ８-３．この1年以内のコーチクリニック受講状況はどうですか？（講義、実技全て合わせて）

1. 一度も受講していない　　2. 1～2回　　3. 3～5回　　4. 5～10回　　5. 10回以上

● スペシャルオリンピックス活動やＳＯ日本へのご意見・ご提案などありましたら自由にご記入ください。（裏面も可）

■ 長い時間、ご協力いただきありがとうございました。 ■

返信用封筒にて **2014 年 7 月 28 日（月）**までに郵便ポストに投函してください。（切手不要）

著者プロフィール

田引　俊和（たびき　としかず）

北陸学院大学人間総合学部教授。
長年、スペシャルオリンピックスの活動に携わる。
2020年3月、立命館大学大学院社会学研究科博士課程後期課程修了。
博士（社会学）。

日本の知的障害者スポーツとスペシャルオリンピックス

2020年10月10日　第1刷発行

著　者　田引俊和
発行人　竹村正治
発行所　株式会社 かもがわ出版
　　　　〒602-8119 京都市上京区堀川通出水西入ル
　　　　TEL 075(432)2868　FAX 075(432)2869
　　　　ホームページ http://www.kamogawa.co.jp
印刷所　シナノ書籍印刷株式会社

ISBN978-4-7803-1117-4 C0075

伊藤修毅・監修
NPO法人大阪障害者センター総合実践研究所
青年期支援プロジェクトチーム・編著

障害のある青年たちとつくる「学びの場」
――ステキな人生を歩んでいくために――

第3の教育権保障と福祉型専攻科の取り組みをまとめた。

A5・150頁・本体1600円
かもがわ出版

石坂友司・井上洋一・編著

未完のオリンピック

―― 変わるスポーツと変わらない日本社会 ――

山下祐介・内山田康・仁平典宏・美馬達哉・新倉貴仁・浜田雄介・西山哲郎・岩瀬裕子《執筆》 第1部＝オリンピックを迎える日本社会／第2部＝オリンピックがもたらす近代スポーツの変化／第3部＝現代スポーツの行方

A5・288頁・本体2000円

かもがわ出版

坂上康博・編著

12の問いから始める
オリンピック・パラリンピック研究

「Q1オリンピックってなんだろう?」から「Q5ドーピングって何?」「Q7オリンピックは国と国との競争じゃないの?」そして「Q12未来のオリンピックに出られるの?」そして「Q12未来のオリンピック・パラリンピックはどうあったらよいのだろう?」まで。スポーツと社会の今と未来を考えよう。

B5上製・128頁・本体3000円
かもがわ出版